U0725796

壹卷一
YE BOOK

让 思 想 流 动 起 来

中国人的历史意识

近观
02

四川人民出版社　[日] 川胜义雄 著　李天蛟 译

图书在版编目（CIP）数据

中国人的历史意识 / (日) 川胜义雄著；李天蛟译.
-- 成都：四川人民出版社，2022.1（2022.6重印）
ISBN 978-7-220-12426-6

Ⅰ.①中… Ⅱ.①川… ②李… Ⅲ.①中国历史—文集 Ⅳ.①K207-53

中国版本图书馆CIP数据核字（2021）第104271号

CHŪGOKUJIN NO REKISHIISHIKI by Yoshio Kawakatsu
Copyright © 1993 Akiko Kawakatsu
All rights reserved.
Originally published in Japan by HEIBONSHA LIMITED, PUBLISHERS, Tokyo
Chinese (in Simplified Chinese character only) translation rights arranged with
HEIBONSHA LIMITED, PUBLISHERS, Japan through East West Culture & Media
Co., Ltd., Japan
四川省版权局著作权合同登记号：21-2021-302

ZHONGGUO REN DE LISHI YISHI

中国人的历史意识

[日] 川胜义雄 著　李天蛟 译

出 品 人	黄立新
策划统筹	封　龙
责任编辑	冯　珺
责任校对	舒晓利　申婷婷
封面设计	张　科
版式设计	戴雨虹
责任印制	周　奇
出版发行	四川人民出版社（成都三色路238号）
网　　址	http://www.scpph.com
E—mail	scrmcbs@sina.com
新浪微博	@四川人民出版社
微信公众号	四川人民出版社
发行部业务电话	（028）86361653　86361656
防盗版举报电话	（028）86361653
照　　排	四川胜翔数码印务设计有限公司
印　　刷	成都东江印务有限公司
成品尺寸	130mm×210mm
印　　张	9
字　　数	180千
版　　次	2022年1月第1版
印　　次	2022年6月第2次印刷
书　　号	ISBN 978-7-220-12426-6
定　　价	79.00元

目

CONTENTS

第一章

司马迁的历史观[*]

由司马迁所著的《史记》，是一部纪传体通史。该作品达到了极高的水准，是一部足以与"历史之父"希罗多德的作品《历史》相匹敌的古典历史名著，得到了普遍认可。然而，根据我偶然读到的、针对以《史记》为首的中国历史著作的观点显示，日本那些研究包含希腊在内的欧洲的一流学者认为，关于《史记》的高度评价其实只限于语言表面。他们似乎认为《史记》并不包含司马迁的历史观，且一般中国人的历史观十分难以理解，远不及希腊或欧洲地区的相关著作。关于这些方面，我想在这里稍微加以探讨。

---

[*] 编注：本文收录于筑摩世界文学大系8第六卷《史记》（1971年7月刊）月报。

　　首先，有观点认为，《史记》是一本对《春秋》以来历史事件逐个进行伦理批判的作品，且一般的中国史书至多不过添加了对于过往历史的政治伦理考察，作品中并未包含世界史理念或历史发展的思想。由于这类观点所针对的问题，会发展为关乎历史根本的重大问题，所以我们首先探讨一下"《史记》只不过对历史进行了伦理批判"的问题。

　　司马迁在创作《史记》时，确实怀有继承《春秋》的强烈意识。但是我们必须注意，司马迁所把握的《春秋》的本意，并非单纯为了"采善贬恶"进行伦理批判，其本质更有深意。司马迁说："《春秋》者，礼义之大宗也。"礼是指构成人类世界的秩序，这一点可以理解的话，那么"礼义之大宗"指的就是构成人类世界的基本秩序原理。司马迁所考虑的，就是《春秋》指出了这一问题。司马迁认为，尊重、顺从，甚至维持人类世界的秩序原理，是生而为人的必然使命。因此，对于《史记》进行伦理批判的深层含义，不能只从根据善恶标准批判历史的表面现象理解。这部作品其实具有根据构成人类世界秩序的根本原理进行批判的深远意义。

　　根据上述根本原理对历史进行根本性批判的证据，自然存在于司马迁对人世间所谓的命运的疑问之中。实际上，司马迁深刻地认识到，简单通用单纯的善恶标准的话，历史世界其实充满了辛酸。他在《伯夷列传》中提出了著名质问"天道，是邪非邪"，正是这种意识的清晰表达。无比清正廉洁的仁者伯夷，却死于非命，饿死在深山之中；令孔子赞不绝口的贤者颜回，却不得不在贫困中英年早逝。盗跖天天都在残害无辜、生食人肉，凶暴残忍，胡作非为，却能够安享天年。这是多么的不合理！老子曾说过："天道无亲，常与善人。"但果真可以如此乐观地看待天道吗？所谓的"道"究竟为何物？关于这些深刻的问题，司马迁无疑提出了比老子的观点更加透彻的思考。代表人世间的真相、无法用人间善恶伦理标准衡量的"道"，究竟为何物？超越了人间善恶、随着时间长河的流动不停前进的历史过程，又是什么呢？这些问题，无疑催生了司马迁历史著作的最深层次的根基。

司马迁的父亲司马谈推崇道家思想，这无疑对司马迁产生了较早的影响，促使其关注"道"的问题。道家思想认为，道的本质是"虚无"，所谓"大道无形"，道会随着时间的推移并根据对象的不同而产生变化。

一般认为，这些道家思想奠定了司马迁早期思想的基础。但是我认为司马迁思想的根基，其实一直存在于将现实视为"道"的形而上学。司马迁与他的父亲司马谈不同，并非一般所认为的道家。不过，"道"的形而上学，并不与司马迁的儒家身份相冲突。继老子之后，庄子发起了关于"道"的形而上学的认识论探讨，对儒家产生了影响，奠定了儒家思想世界观的根基。"形而上谓之道，形

而下谓之器"，便出自儒家经典《易经》的权威释义著作
《系辞》。形而上学认为形而下世界有形的"器"，其根
据或终极形态为无形的"道"。这种思想直至司马迁所处
的时代为止，突破了儒家与道家之间的隔阂，构成了两种
学派的共同世界观。

庄子认为，作为世界终极形态的"道"，并非依靠智
慧所能抓住的东西，相反，我们只能否认认知的作用，直
观地与"道"进行冥合。关于"道是什么"的问题，并没
有直接答案。不过，根据"道"这一说法去把握世界终极
形态的同时，或许可以认识到古代中国人形而上学的基本
特性。

"道"，会使人自然而然地联想到道路。道路即是
人——并非个体的人，而是指众多人，也就是人类社会的
整体——一路走来的痕迹，更是通往未来的渠道。它有时
是直线，有时是蜿蜒的曲线，甚至可能会发生倒退，但终
究会延续下去抵达某个地方。而"道"同样具有类似的特
性，它产生于人，随时间的推移而不断发生变化，并将延
续到某个地方。虽然按照"天道"的说法所传达出的意
境，它拥有扩展到宇宙论规模的可能性，但"道"本来就
属于人类世界，更确切地说，它是在人类所创造的历史世
界中占据中心地位的一个概念。

根据《易经》的《系辞》所给出的定义，"一阴一
阳谓之道"。"道"，即阳性因素与阴性因素交替混杂在

一起，阳性因素的尽头孕育阴性因素的萌芽，形成动中有静、静中有动的矛盾统一体。如果用这种矛盾统一体来把握世界的终极形态，使用所谓的辩证法结构把握世界，那么世界的本质将会被看作历史的存在。这种以形而上学为基础的精神，在本质上被认为可以说是历史精神。

一般认为，世界史概念所成立的根据是以历史意识的存在为前提的。

历史意识，是我们在历史过程中，将自身的存在依赖于历史，且自身受到历史委托的一种自觉，并在这一过程中追问人类存在的意义，甚至追问历史过程本身的意义。历史过程中的这种自觉，必然导致对整个历史过程以及历史意义的追问，只有这样，世界史的概念才得以成立。对于不具备这种世界史概念的希腊历史学家来说，由诸如波希战争或伯罗奔尼撒战争一类的各种事件广泛复合而成的历史虽然成立，但所谓的希腊史，大概是不存在的（柯林武德《历史的观念》）。但是司马迁的《史记》针对当时中国人所知范围内全世界的整个历史过程提出了疑问。有关希腊的世界史不成立而古代中国的世界史却得以成立，其根本原因在于希腊形而上学与古代中国形而上学在特性方面的差异。古代中国，如前文所述，在以"道"的形而上学为基础、对随时间变化的历史世界的意义进行提问的同时，自觉形成了历史意识，这种现象在司马迁身上有很好的体现。因此不得不说，轻易断言中国没有世界史理念，是非常危险的。

　　然而，中国绝非仅仅因为"道"的形而上学，就拥有
了自己的世界史。"道"是很难把握的，如同"虚无"，
存在无特性、无秩序流动的可能性。它具有把一切事物相
对化的倾向。但是人类世界想要存续下去，就必须通过
秩序来进行维持。这种秩序就是"礼"。作为"礼义之大
宗"的《春秋》所具有的批判精神，必须成为维持历史世
界的准则。正如《伯夷列传》所说，每个人用以维持人类
世界的正义，在体现"道"的历史过程中，往往会遭到埋
没，无法取得正当回报。而对被埋没的人类正义进行发掘
或发扬，正是人，以及历史学家的使命。因此可以说，以
"道"的形而上学为基础的历史意识，以及使人类世界得
以存在的"礼"的秩序意识，二者相交之处产生了司马迁
的世界史。我认为"道"与"礼"的关系问题，在其后的
中国哲学史上一直都是有关世界观的重大话题。

　　以上是我对催生司马迁世界史构想的基本意识结构的
探索。但是，要把它归纳到《史记》这一类具体的历史著
作中，还需要很多步骤。例如，从上述历史意识与秩序意
识的相交处出发，司马迁对于有关问题的具体描述与表达
方法的问题。

　　司马迁为了表达自己的批判精神，效仿了孔子所说的
"我欲载之空言，不如见之于行事之深切著名也"。通过
对历史世界中以具体形态出现的种种现象或行为仔细观察

及分类，并客观、生动地描写出来，与抽象的哲学讨论比较起来，可以更加深刻、鲜明地揭示历史的意义以及人类世界秩序原理的重要性。这样一来，《史记》便因精细描写了交织成为整个历史过程的所有种类的世间百态，而成为一部世界史。

关于司马迁的历史观，还应该谈一下其史料批判的科学性问题，但是无奈篇幅已所剩无几。不过，最后我想强调的是，司马迁所代表的中国人的历史观，或许比日本欧洲学者所认为的程度更具有现代意义。被认为确立了世界史理念和历史发展思想的兰克，其思想根基俨然存在着信奉神明旨意的宗教动机。但是，无法确信这一点的布克哈特认为，发展的思想产生了后退，并且存在一种向历史寻求"重复、永久、类型化事物"的倾向。

可以说，世界史学界在二十世纪进入了一种带有悲观主义色彩的混乱状态中。中国的知识分子早在两千几百年前就已经不再信奉至高无上的神明。他们通过可能把一切事物相对化的非人格的"道"，与悲观主义做斗争，始终追求对于人类世界的信赖，从而形成了独有的世界史。对于无神论的中国知识分子来说，除了发掘被埋没的人类正义并留在史书中，使其流传下去之外，没有其他可以拯救包括作者本人在内的人类的方法。我认为这种最具有人情味的宗教感情所构成的中国历史著作，将为当代的混乱带来某种启示，因而有必要对其进行更加深入的阅读和探讨。

司马迁与希罗多德[*]

　　公元前五世纪希腊历史著作《历史》一书的作者希罗多德，在西方自古便被称为"历史之父"。而中国公元前二世纪末《史记》一书的作者司马迁，被认为是可以与希罗多德相比肩的历史开创者。然而，从历史学在各个世界的后续发展来看，希罗多德与司马迁对于后世所起到的作用相去甚远。关于二者有何不同，以及相关差异可引发怎样的思考，以下将稍作叙述。

一、关于希罗多德
　　希罗多德的史书名为《历史》，而"历史"在希腊语

　　　*　编注：本文刊登于《亚洲调查月报》（社团法人亚洲调查会，1972年2月）。

中的词源为"探索"的意思。由此可见,希罗多德创作此书的中心意图在于探索波希战争这一重大事件的起因。

他在该书序言里说道:"哈利卡尔那索斯人希罗多德将他的研究呈现在这里,是为了人类过去的事情不至于随时间而泯灭,也为了希腊人和野蛮人所做出的那些伟大的、值得惊叹的功绩,尤其是他们之间爆发战争的原因,不至于湮没。"这本书的前半部分虽然被野蛮人的地志民俗史所占据,但这些内容也是基于对地理学、民俗学的关注而做出调查研究的记录。而将类似的探索结果整合而成的这一本历史著作,代表着调查研究形态的历史,亦即历史学科的首次出现。对希罗多德的尊称——"历史之父",意思其实是历史学科的开创者。

因此,对这本书的评价,主要在于希罗多德并没有毫无批判地听信事件目击者的证言或传言,而是对其进行了合理批判。也就是说,他在不被希腊人的臆断(Doxa。译者按:源自古希腊语δόξα,意为"共同信仰、共同意见",与Episteme形成对比)所迷惑的情况下,通过对话及辩证,将臆断升华为客观的知识(Episteme。译者按:源自古希腊语επιστήμη,其意可指代知识、科学或理解),并以此探求事件的起因。这一点受到了高度评价。通过这种探索方法所形成的历史学,与古希腊探索宇宙起源而形成的自然哲学,二者具有相同的特性。希罗多德的历史学,无疑是古希腊学说形成过程中的其中一环。

然而，由希罗多德所创立的古希腊历史学虽然得到了修昔底德的深化，进入公元前四世纪之后却明显出现了衰退征兆。公元前四世纪，哲学领域虽然出现了柏拉图、亚里士多德的黄金时代，但历史学领域却后继无人，柏拉图在著作中将希罗多德视作从未出现过的人物。关于这种衰退的原因，虽然存在各种说法，但本质上正如柯林武德所说，希腊思想存在一种反历史倾向（柯林武德《历史的观念》）。

也就是说，古希腊思想一般倾向于关注普遍、永恒的存在，在永恒不变的事物中寻找真实的存在。这就是存在于古希腊思想根基之处的形而上学，从这种形而上学来看，经常变化的事物（自身包含了生成与崩溃因素的事物——历史就是其中一种），无法成为真正的认知对象。对于古希腊人来说，存在认知可能性的对象必须拥有明确的独特属性，必须是必然完整、排他性地维持现状的事物，且不会在内部变化或外力作用下转变为其他事物的事物。

而满足上述条件的典型认知对象则是数学、几何学等领域。古希腊精神中最惊人的成功之一便是欧几里得几何学，确实不无原因。

从古希腊思想的这种一般倾向来看，由于历史是处于不断变化之中的，与历史有关的事件自然也就无法通过感官进行把握与认知，且无法成为可进行科学论证的认知对象。正如柯林武德所说，希罗多德在这种思想倾向中开创了历史学科，这确实是非常惊人的。然而，这种普遍思想的强烈存在，也正是古希腊史学在没有希罗多德的情况下走向衰败的最大原因。

无论希罗多德的著作，还是修昔底德的作品，自然都被后来的古希腊罗马世界作为权威典籍保存了下来，并作为编纂历史的资料来使用。在公元前一世纪的罗马，西塞罗将希罗多德称为"历史之父"。希罗多德的作品曾被收录进汇编杂志进行利用和参考，不过直到批判性历史学确立的十九世纪，这些作品的价值才得到正确的评价。

在西方，将希罗多德称为"历史之父"，主要是指他是探索事件起因的历史领域的开创者。

不过，历史学更深层次的意义，在于我们人类追问自己所依存的整个历史过程的意义的意识。关于这种基本的历史意识，基督教的影响在西方起到了决定性的作用。前文所提到的，古希腊精神普遍带有反历史倾向，这与后来的欧洲格格不入。在这种意义上，我们需要注意，希罗多德与后世欧洲的历史意识其实是脱节的。

二、关于司马迁

与之相反的是，司马迁对于后世中国所起到的作用要深刻得多。他不仅创立了历史学科，成了后世的范本，对中国人历史意识的自觉化同样产生了巨大影响。

"史记"这个词的字面原意为"史料记载"，也就是

"史官的记录"，因为司马迁本人当时任职被称为太史令的史官。他在撰写自己的史书时，把自古以来众多史官所作的史料记载作为资料进行了利用。

他所利用的资料，不仅局限于这些史料记载，还包括积累下来的诸多文献以及经过自己的调查所作的笔录等。他对这些文献以及传说加以合理性批判，认定可以信赖之后才加以利用。这些方法，至今早已被频繁指出，所以这里不再赘述。

另外，众所周知，司马迁开创了被称为纪传体的综合历史记载形式，在此之后的两千年时间里，这种形式在中国作为最正统、最完备的史书形式不断被沿袭。他是中国历史学科的开创者，这一点是毋庸置疑的。

但是，他所开创的纪传体为后世留下了如此具有决定性的影响，究竟出于什么原因？在他之后的中国，由这种纪传体所记载的各朝代历史，一般由下一个朝代作为正史来进行认定。因此，有观点认为，纪传体得到了如此长久继承的原因，是东方专制君主的政治权力将纪传体作为正统史书形式固定了下来，司马迁与班固之后，无论谁担任修史职责都没有太大差异，且当时并没有被称为历史观的思想，因而有个性的历史学家是没有容身之处的。但问题不是从东方专制君主权力限制的角度就可以解决的。这种视角，只不过基于与东方专制相对的西方自由这一欧洲传统意识形态，对外在表现简单进行了说明，而没有提出具有说服力的中国自身内在原因。

司马迁开创的纪传体之所以能够被长久继承下来，首先是因为它对于中国人来说具有难以被超越的完美性。为了综合归纳以中国为中心的全世界历史过程，司马迁首先通过有史以来主要朝代的编年史编写"本纪"，罗列出以政治史为中心的历史过程大纲。然后为了更准确地认识历史过程，用"表"的部分接续下去。"表"与我们现在所采用的年表几乎相同，针对瞬息万变的历史事件所发生的时代，甚至以月为单位制作出月表。接下来，为了弥补"本纪"和"表"侧重于政治史大纲的这一缺陷，在"书"的部分展示各种文化分类的相关概况，如礼仪、制度、音乐、天文、历法、祭祀、治水技术、经济政策等。另外，还将诸侯国的历史记录在"世家"中，并用"列传"来记载那些在历史各个方面留下人类意义痕迹的各种人物事迹，"列传"部分同时还提及了当时所知范围内，与外国相关的地志、历史、民俗等知识。最后，通过"自序"来阐述这本综合世界史的创作意图。即使放到今天来看，这种综合历史的记载形式，仍然具有令人叹为观止的完整结构。

编年史、年表、问题史、传记等多种历史记载形式都分门别类包含在这一部作品之中。而希罗多德的叙述方式在条理上常常脱离本题、令人迷惑，与之相比较而言，《史记》纪传体条理清晰的结构具有无可比拟的完美性。这种条理清晰的综合历史记述方式，自然是综合历史精神的产物。对于中国人来说，纪传体形式难以被超越，并非出于政治权力限制等，而在于基本精神，以及中国精神构造。关于这些问题，我们首先来思考一下司马迁的综合历史精神是如何形成的，以及这种历史精神具有怎样的构造。

三、司马迁的意识构造

所谓的综合精神，自然要适应时代潮流。中国自春秋时代末期以来就出现了所谓的诸子百家学说，战国时期形成了各个学说流派百家争鸣、百花争艳的局面。随着秦汉时期各国统一为同一个国家，学术界也出现了综合统一的潮流，秦国宰相吕不韦主持编写的百科全书《吕氏春秋》便是其中一例学术尝试。司马迁的父亲司马谈也曾针对包括阴阳家、儒家、墨家、名家、法家在内的六大学派，批判了其各自学说的长短之处，并试图以道家主张的"道"为中心，把其他学派的长处综合起来。

司马谈的文章"论六家要旨"，被司马迁引用到了描述《史记》创作意图的"自序"中，可见司马谈综合各学派的意图，对司马迁而言具有极其重要的意义。关于这种意义，有一件很有趣的事。太初元年（公元前104年）11月1日，是六十日周期的甲子日，正值冬至。这一天，也是司马迁本人参与并完成的太初历新历庄严公布的日子。太初历的数值体系不单单与历法有关，还涉及音律音阶、度量衡单位、一年的天数等内容，以阴阳数理为依据，首次归纳了世界惯月的数值体系，同时也是当时一统天下所建立的新秩序的其中一环。公布新历的当天，年号改为"太初元年"（"太初"意为"伟大的开端"），意味着全新统一的世界秩序自此开幕。同时也是这一天，司马迁早已收集了史料，开始投身于《史记》的写作。他通过这一点表达了自己的决心：

> 先人有言："自周公卒五百岁而有孔子。孔子卒后至于今五百岁，有能绍明世、正《易传》，继《春秋》，本《诗》《书》《礼》《乐》之际？"意在斯乎！意在斯乎！小子何敢让焉！

同僚对司马迁的抱负有所耳闻，询问了"继《春秋》"的意义，于是展开了以下围绕"《春秋》"的讨论。这段讨论向来被人重视，原因在于它对司马迁为了"继《春秋》"而创作《史记》的意图进行了充分诠释。关于前文所引用的司马迁表达决心的原文，"本《诗》《书》《礼》《乐》之际"即以综合各学说为前提，"继《春秋》"的同时"正《易传》"的点却遭到了忽略。司马迁的基本立场是"继《春秋》"与"正《易传》"二者同时进行，而绝非单独"继《春秋》"。那么，"正《易传》"是什么意思呢？

《易传》是对《易经》文本进行解释的一部著作，对所谓的"十翼"——彖、象、系辞、文言、说卦、序卦、杂卦的部分做出释义。

《易传》一直被认为由孔子所作，但这种说法只不过是一种托词，孔子过世很久之后，大约在汉朝早期，《易传》才得到整理，现今已有定论。其中，《系辞》非常典型地存在使用"道"的哲学来解释《易经》的明显倾向，存在着"道"的形而上学的积极展开。也就是说，形而下的世界的根基，或这个世界的终极形态，是超越外形的无形之"道"。根据"一阴一阳之谓道"的定义，"道"即阳性因素与阴性因素交替混合在一起，阳性因素的尽头孕育阴性因素的萌芽，形成动中有静、静中有动的矛盾统一体。世界的终极形态拥有这种矛盾统一体的表现形式，世界将辩证法构造作为其本质。因此，世界的本质处于不断的变化中，并在变化的同时无限延续。《易经》的哲学归根结底就是这种辩证法世界观的哲学。因此，司马迁所谓"正《易传》"的立足点，即可以理解为，正确把握这种辩证法世界观，以辩证法历史哲学为基础综合地把握世界。

经过老子到庄子的认识论讨论，"道"的形而上学被解释《易经》的儒家经典著作所吸收，至司马迁所处时代，儒家与道家已经突破了隔阂，"道"的形而上学构成了这两种学派共同世界观的根基。古代中国这种通过辩证法构造来把握世界的一般性思想倾向，与古希腊的反历史倾向完全相反。执着于普遍存在以及永恒不变存在的希腊精神，以形式逻辑学为基础，通过柏拉图、亚里士多德的哲学，融合了各类学科。与此相反，古代中国精神倾向于关注不断变化的事物，以辩证法思考为基础的司马迁的世界史学，成功地综合了各种学科。由此看来，司马迁在东亚精神史上的地位，与希罗多德在西方世界的地位完全不同，而更加相当于亚里士多德的地位。在西方，亚里士多德在其后的千余年乃至近两千年时间里成了无法被轻易超越的伟大存在，同样地，以中国精神构造为根基、被坚固构筑起的司马迁的世界史学，在其后的两千年时间里未能被超越，也并不是那么匪夷所思。

司马迁的世界史学所成立的依据，并非只有前文所提到的"道"的哲学——辩证法世界观，另一方面还包括"继《春秋》"的立场，即以维护人类世界为目的的基本原理"礼"的秩序原理问题。实际上，只有在上述二者的相交之处，世界史的构想才开始得以成立。

然而，"继《春秋》"的一面，长久以来一直被人们所强调，但本文旨在将司马迁与希罗多德进行鲜明对比，因而此处将不再赘述。

值得注意的是，中国人自古以来就把"道"的形而上学及辩证法的思维倾向作为其精神结构的根基。那么，毛泽东思维方法的根源之处，是否也与司马迁具有某些共同之处呢？

天道，是邪非邪？ *

一

世界上没有哪个文明积累了像中国一样多的历史记录。二十世纪初，在清朝帝国崩溃期间活跃的改革者梁启超（公元1873—1929年），在其所著的《中国历史研究法》中指出，"中国于各种学问中，惟史学为最发达。史学在世界各国中，惟中国为最发达。二百年前，可云如此"。

---

　　* 编注：本篇是朝日新闻社发行的系列《中国文明选》中的一部《史学论集》的"总论"及"后记"。因此文中的"本书"和"正文"都是《史学论集》的相关内容，页码也指示了这些内容。在本书进行收录时删除了"总论""后记"的标题，合篇重新命名为《天道，是邪非邪？》。

　　实际上，成书于七世纪初的《隋书·经籍志》把当时所能看到的书籍按照"经、史、子、集"四部分进行分类整理后，古代中国开始普遍按照上述四个部分对学术体系进行划分，而其中"史"的部分所占比例最大。

　　这一体系的庞大程度，即使在今天的日本，看一看按照这种四部分类整理汉籍的专门图书馆，比如京都大学人文科学研究所及东京大学东洋文化研究所等机构的汉籍目录，也会一目了然。

　　中国人自古以来就留下了如此庞大的历史记载，那么，针对这一现象，我们应该如何理解这一不可估量的孜孜努力呢？黑格尔曾针对中国人的这一伟大努力成果进行了简单概括："中国人的历史，没有任何判断和道理，只是把各种事实原封不动地记录下来而已。"（武市健人译《历史哲学》上册第265至266页，岩波文库）。当然，史书确实"把各种事实原封不动地记录下来"，而且这是史书的重要目的之一。然而，所有中国的史书，假使正如黑格尔所说，只是单纯地记录事实，这种几千年以来编纂史书的伟大努力"没有任何判断和道理"，仅仅无反省地、单纯通过惰性来延续，真的有可能吗？即便存在这种可能性，至少，"原封不动地记录下来"的基本"判断"乃至观念，是无法在这种根基之上牢固存在的。像这样"没有任何判断和道理"，仅仅茫然地持续书写庞大的历史记录，对于有意识的人来讲大概是不可能的吧。黑格尔的上述观点，在深入挖掘中国人基本意识的方面，不得不说正是十九世纪欧洲人令人意想不到的成见所导致的灾难性产物。

关于中国人的历史记录，或者说，持续书写庞大历史记录的中国人的基本历史意识，我认为日本的众多学者持有与黑格尔观点类似的思考方式，他们把欧洲学问当作至高无上的存在，至今仍然一脉相承。比如，作为西方古代史学家的一流学者村川坚太郎，对中国历史学家司马迁给予高度评价的同时，根据中国"东方专制君主"制度下"个人自发性写作"的"自由被束缚"认为，"汉朝之后的正史，在一个王朝覆灭之后，无论官方撰写或私人撰写，均采用了固定的形式，所谓的历史成了王朝的历史，所谓的修史成了编纂史料，在这种情况下，无论是谁担任这一角色都没有太大差别，况且并不存在被称为历史观的思想，因而有个性的历史学家理所当然没有立足之地"（世界名著5《希罗多德・修昔底德》解说第10至12页，中央公论社，1970年）。司马迁暂且不提，在中国历史上留下庞大历史记录的众多历史学家，均因受到专制君主政治权力的束缚，自发写作的自由意志无法得以发挥，只能按照专制君主的命令，遵从司马迁所发明的"纪传体"历史记录形式，像奴隶一样默默地"没有任何判断和道理，只是把各种事实原封不动地记录下来"而已吗？中国的众多历史学家，真的是一种被欺压的奴隶一般的存在吗？

其中最突出的观点，是自希罗多德以来传统的欧洲观念，即与东方专制相对的、希腊或泛西方的自由观念。黑格尔本人曾说过："世界史自东向西推进。也就是说，欧洲实际上是世界史的终结，因为亚洲是世界史的开端。……因而历史一定存在东方，……自然界中外在的太阳也是东升西落。然而，名为自我意识的内在太阳则在西方出现，并且一直闪耀着光辉。……东方只有一个人（专制君主）是自由的，至今仍然如此。与之相反，希腊罗马世界中有一部分人是自由的，而在日耳曼世界中所有人都是自由的。"（黑格尔《历史哲学》第218页）

这反映了把世界史当作"自由意识的进步"的黑格尔以欧洲为中心的观点。我们没有必要一直被这种以十九世纪欧洲为中心的思想束缚，而且，如果一直处于这种束缚之中，则始终无法理解中国文明和中国人的意识。

中国人孜孜不倦地写下了庞大的历史记录，是出于怎样的动机？如果单纯出于"把事实原封不动地记录下来"的目的，那么中国人为什么一直认为应该"把事实原封不动地记录下来"？司马迁所开创的纪传体，在其后两千年时间里作为史书最正统的"固定的形式"被沿袭下来，又是出于什么原因？关于这些问题，以"东方专制君主"政治权力为中心的欧洲观点仅仅通过表面观察所做出的说明进行了简单划分，而并没有给出真正的答案。如果仅从表面进行观察说明，而没有深入中国自身内部找出隐藏在中国人意识根基之处的内在原因，就没有办法得到真正具有说服力的解答。出于上述立场，针对中国人自古以来如何看待历史，以及他们认为历史记载应有形式应具备怎样的性质等问题，中国人已撰写文章做出了提示，我将根据相关部分尽可能忠实地解说，剖析阐述内在问题。这些文章，正如本文以下所示，在体系庞大的史书中，有很多作品包含了各种各样的史论。本书所列举的文章不过九牛一毛，但从这些文章可以一窥中国人历史观的一部分，我将略做总结。

二

首先，我针对黑格尔的观点——"中国人的历史，没有任何判断和道理，只是把各种事实原封不动地记录下来而已"——提出一个疑问。即，中国的史书都只不过是事实的记录，中国人是否在持续进行这种庞大史书编纂的基础上，牢固地持有"把事实原封不动地记录下来"就好的观念，或者"应该这样做"的判断呢？

实际上，中国自古就自觉形成了"把事实原封不动地记录下来"的判断乃至观念。究其根本，在中国所谓的"史"，原本就是记录者的意思（参照正文第6页）。把"史"解释成历史或者历史记载，是后世才发生的，最初则指的是记录者、记录官。而且，这里的"史"——记录者——被认为应该把"亲笔"、直接、实事求是地记录事实作为至上的义务。

《左传》中，宣公二年晋国"史"——董狐，以及襄公二十五年齐国南史的故事最为知名（参照正文第55至56页以及第215页），根据这些故事，不顾性命之忧与时下强权进行抗争、绝不歪曲事实，才有资格被称为"良史"。"史"在七至八世纪被刘知幾扩大解释为"史书"或"历史学家"，正如正文第214页所强调的，他认为"史官"或历史学家的第一要务必然是"彰善贬恶，不避强御（即掌权者），若晋之董狐、齐之南史，此其上也"（刘知幾，《史通·辨职》）。而"史之直笔"，正如宋朝文天祥所说，"天地有正气，杂然赋流形"（《正气歌》）。

因此，黑格尔所说的"中国人的历史，没有任何判断和道理，只是把各种事实原封不动地记录下来而已"并不成立。"原封不动地记录事实"，如果使用中国人的表达方式"直笔"，则是"史官"、记录者、历史学家的至上任务，这种明确的判断一直在中国人的身上流传。具体来说，那是抵抗权力、赌上性命也要坚决守护的至高无上的价值，被认为是作为记录者、著书者的知识分子的责任。这种判断乃至观念，正如《左传》中所能看到的，以孔子的判断为基础，最晚至公元前四世纪的战国时期，便已得以确立。

这种记录者或历史学家的责任到底能够切实履行多

少，对于掌权者所施加的压力到底抵抗到什么程度，确实是个问题。但是反复确认和强调"史之直笔"的观念与责任的事实表明，不能简单地概括中国历史一直处于"东方专制君主"的束缚之中。中国的历史学家，出于其自身的独立性，为了了解所发生的历史事实，肯定留下了庞大的历史记载。

不过，史官乃至历史学家将"原封不动地记录事实"作为至上任务的中国观念，与十九世纪欧洲历史学家兰克所主张的把"说明事情的本来面目"作为历史学的目的，在语言层面其实也有相近之处。兰克的主张，自然把绝对价值赋予历史事实的客观认识之上。而在中国方面，自古以来的历代王朝以及各诸侯国均通过制度设置了作为事实记录者的"史官"，最晚至公元前四世纪把原封不动地记录事实的"史之直笔"自觉作为记录者的至上责任，虽然这些史官并没有像兰克那样将历史事实的客观认识作为历史学目的，但最终他们所留下的记录，同样是可信度相当之高的客观记载。

"史之直笔"的观念，最终使"史"成了具有客观认知的人。比如，司马迁对诸多史官留下的记录——最初被称为"史记"——加以利用所完成的体系完整的历史著作《史记》，在"说明事情的本来面目"的同时，同样也是合乎历史学目的的一部作品。再比如，司马迁所作的比他早一千多年的商朝王统谱，除了一两处错误之外，都是极其准确的。二十世纪初以来，随着针对出土的商朝甲骨卜辞所进行研究的推进，司马迁所作的王统谱被证明具有惊人的准确度，这再一次有力证明了司马迁的《史记》是"说明事情本来面目"的科学的历史记载。

然而，在中国，这种对于历史事实的客观认识能够成为结果的可能原因，虽然在于"史之直笔"——原封不动地记录事实——的观念及判断，但与之相反的是，"史之直笔"的观念把针对历史事实的客观认识作为至高的价值，也就是说，以纯粹认知作为历史学确立宗旨的思想，所衍生出的结果却并非如此，这一点我们应该特别注意。中国的"史之直笔"观念，正如前面刘知幾所说，以"彰善贬恶"为根本动机。

但这并不是由八世纪初的刘知幾第一次提出的。作为典型"史之直笔"的董狐和南史，是春秋时期的史官，正如孔子将他们称作"良史"，"史之直笔"观念的由来正是"劝善惩恶"的《春秋》的基本批判精神。《春秋》是孔子所修订的经典著作，同时也是中国现存最古老的编年史著作，"史之大原，本乎《春秋》"（章学诚《文史通义·答客问·上》），是中国古代一贯的传统观念。在中国，"史之直笔"，即"原封不动地记录事实"的观念，是针对人间善恶的价值判断，也就是说，是以伦理要求为根本动机而形成的。

关于这一点，有学者曾说过："最早有组织地记载历史的古典著作《史记》是包含史论的，是针对《春秋》以来的各个历史事件所进行的伦理批判。在此之后一般的中国史书……直至近代……不过是针对相应历史时期加以政治伦理考察而已。根本不存在世界史的理念或发展的思想。"（下村寅太郎《关于世界史的可能性依据》第18页，《哲学》第18号，日本哲学会）确实，中国史书的一大特点恰恰就是强烈的伦理批判与执着的政治伦理考察。我们应该注意，中国史书，正如传统的"史之直笔"观念来源于伦理动机，对源自"春秋大义"的"义"进行了大量重复的追求与强调。

但是，在以此为基础认定中国"根本不存在世界史的理念或发展的思想"之前，应该先搞清楚，中国的史书以及历史学家为什么如此执着于伦理，在如此执着于伦理的情况下如何写成史书。关于为什么的问题，反观"说明事情本来面目"的兰克史学，其实具有"一切时代都通向上帝"的基督教精神内核，而以伦理动机为基础的"史"，也正是其背后中国精神的产物。问题恰恰存在于这种中国基本精神的性质之中。而我们的课题，则在于更加深刻地查明这种精神的结构。

为了解决这一问题，我们来思考一下，中国是否"最早有组织地记载历史的古典著作《史记》……是针对《春秋》以来的各个历史事件所进行的伦理批判"。

三

众所周知，司马迁的《史记》是一部以当时的中国为中心，综合、系统地归纳了当时已知全世界的整个历史过程的著作。

关于其结构，首先通过有史以来主要朝代的编年史编写"本纪"，罗列出以政治史为中心的历史过程大纲，然后为了更准确地描述对于历史过程的认识，用"表"的部分接续下去。根据年表，将各诸侯国的主要事件与朝代编年史联系起来。对于事件频繁发生的时代，甚至制定了以月为单位的月表。接下来，为了弥补"本纪"和"表"侧重于政治史大纲的这一缺陷，在"书"的部分展示各种文化分类的相关概况，如礼仪、制度、音乐、天文、历法、祭祀、治水技术、经济政策等。另外，还将诸侯国的历史记录在"世家"中，并用"列传"来记载那些在历史各个方面留下人类意义痕迹的各种人物事迹。"列传"部分同时还提及了当时所知范围内，与外国相关的地志、历史、民俗等知识。最后，通过"太史公自序"来阐述这一部综合世界史的创作意图。即使放到今天来看，这种综合历史的记载形式，仍然具有令人叹为观止的完整结构。编年史、年表、问题史、传记等多种历史记载形式都分门别类整合在"纪传体"之中，而希罗多德的叙述方式在条理上常常脱离本题、令人迷惑，与之相比，《史记》纪传体条理清晰的结构具有无可比拟的完美性。

这种井然有序的综合世界史，自然是综合精神的产物。这样的世界史如何得以成立？虽然与欧洲的"世界史理念"不同，催生这种世界史的综合精神具有怎样的性质呢？能给这些问题提供答案的，只有正文开头所提到的"太史公自序"。请仔细阅读正文，这里我想向各位介绍我所理解的、司马迁的基本关注点——贯穿《史记》的中心问题。

司马迁的基本意识之一，正如迄今众多学者重复指出的，在于继承了《春秋》"针对《春秋》以来的各个历史事件进行伦理批判"的精神。但应该注意的是，《春秋》中所谓的"劝善惩恶"的批评精神并非单纯的"惩恶扬善"。根据司马迁的观点，"《春秋》者，礼义之大宗也"（正文第56页），根据相关解释，"春秋之义"即"礼义"，指的是使人类世界得以成立的基本秩序原理。

而所谓的"春秋大义"或"礼义"，指的是区分人类与野兽、文明与野蛮，丧失之后就会导致"父不父，子不子"的社会秩序紊乱，是人类文明社会得以成立的基本秩序原理"春秋之义""礼义"。尊重并遵守这一基本秩序原理，进而积极维持这一原则，是作为人类应有的使命。司马迁的《史记》一方面作为伦理批判著作的真正意义，不单纯在于根据善恶标准对历史事件进行批判，其更加深刻的意义在于以人类世界得以成立的基本秩序原理为基础进行批判，这一点我们必须加以了解。

　　然而，《史记》在《春秋》的基础上，是否形成了
维护人类世界秩序原理的意识，却是个问题。假如对《春
秋》的继承是创作《史记》的唯一动机，《春秋》针对鲁
国隐公元年（公元前722年）至哀公十四年（公元前481
年）之间的242年展开伦理批判，《史记》又以一定的时
间段为对象进行批判，则没有必要成为覆盖人类整体历史
过程的通史。《史记》之所以采用通史的形式，成为当时
的世界史，仅仅从基于《春秋》批判精神的角度是无法解
释的。

　　在这里，司马迁向同时代的春秋学者董仲舒进行了借
鉴学习，根据董仲舒在依据《公羊传》解释《春秋》时的
观点，他把历史分为"衰乱世""升平世"及"太平世"
三个阶段，认为历史过程按照这三个阶段顺次发展。有学
者认为，司马迁的历史意识即建立在这种公羊式的发展史
观之上。但是，在董仲舒的方面，这种发展史观是否确立
仍然存疑（参照稻叶一郎《春秋公羊学的历史哲学》第76
至80页，《史林》第五十卷三号），实际上在《史记》
中，很难确认这种发展史观的存在。

　　那么，催生出司马迁世界史构想的基本问题意识到
底是什么？我认为可以用司马迁的一句话来表示，也就是
内藤湖南博士所认为作为《史记》整体序论的第一篇列
传——《伯夷列传》中的一个著名问题，"天道，是邪非
邪？"。这里所说的"天道"，并非"上天神明"的意

思，而是以老子为基础的道家哲学中所说的"道"。《老子》第七十九章中有一句"天道无亲，常与善人"，无比清正廉洁的仁者伯夷饿死，孔子弟子中的第一号贤人颜回在贫困中英年早逝；然而，盗跖胡作非为，却安享天年。到底"天道是不是这样呢"？

代表人世间的真相、无法用人间善恶伦理标准衡量的"道"，究竟是什么？超越了人间善恶、随着时间长河的流动不停前进的历史过程，又是什么？这种问题意识，正是司马迁通过倾其毕生所作的《史记》来进行研究的最根本的课题。这是一个极其哲学的大问题，探讨的是这个世界的真相或其存在根据与其中人类主动行为价值的问题，也就是存在论与价值论两者之间的关系问题。

将世界的终极形态乃至世界的存在根据看作"道"的哲学，经过从老子到庄子在认识论方面的深化，进而被纳入儒家经典《易经》的解释之中。庄子认为，"道"是无法通过智慧辨别来把握的，相反，我们只能否认认知的作用，直观地与其进行冥合。阳爻与阴爻组合而成的《易经》中的卦，正是"道"与我们人类之间进行联系的"道"的象征。另外，根据《易经·系辞》所提到的"形而上谓之道，形而下谓之器"，"道"的形而上学，到司马迁所处时代为止大致突破了儒家与道家之间的区别，构成了两种学派共同世界观的根基。

形而上的"道"，与"一阴一阳谓之道"的定义相同，即阳爻与阴爻交替混杂在一起，阳性因素的尽头萌发阴性因素，形成静中有动、动中有静的矛盾统一体。世界的终极形态具有这种矛盾统一体特征，世界以这样一种辩证法构造作为其本质。因此，世界具有不断变化、变化的同时无限延续的特性。我认为这种辩证法世界观哲学，将倾向于导致把人类世界的本质看作历史的存在，而以这种形而上学为基础的精神，本质上可以说是历史精神。拥有这种特性的精神，将当时的诸多学说综合起来，试着对世界进行统一的解释，必然会形成一种世界史形式。

综合诸学的动向，也是自秦汉帝国形成以来直到司马迁时期的一般动向。在中国，自春秋末期至战国时期，出现了所谓的诸子百家之学，随着战国各国从秦朝到汉朝合并为同一个国家，学术界也出现了综合统一的机遇。秦国丞相吕不韦所主持编纂的《吕氏春秋》，便是百科全书式综合的一例尝试。而与此同时司马迁的父亲司马谈通过撰写"论六家要旨"（参照正文第11页），以道家所主张的"道"的哲学为中心，对诸子百家的长短之处进行了批判，取各家长处以综合诸学。

司马迁则继承了父亲致力于综合诸学的意图。关于这一点，正文第41页就"太史公自序"文中所提到的"正《易传》，继《春秋》，本《诗》《书》《礼》《乐》之际"进行了详细解说，请阅读这一段内容。不过，希望大家注意的是，上文所提到的、堪称《史记》序论的"伯夷列传第一"中所提到的司马迁的基本问题意识，即"天道，是邪非邪"的问题，可以说正是《史记》结尾"太史公自序"中"正《易传》"与"继《春秋》"的综合问题。"天道"是《易传》的哲学，即存在论的问题，"是邪非邪"是《春秋》的基本主题，也就是价值论的问题。二者如何综合起来，应该如何理解并解释二者关系，换句话说，应该如何理解人类世界的构造和意义，便是当时奠定综合诸学基础的基本课题，这才是司马迁的中心主题。

那么，应该如何切入这一中心主题呢？"我欲载之空言，不如见之于行事之深切著名也。"（正文第45页）关于世界的构造与意义的问题，"空言"即按照内容空洞抽象的哲学性言论去探索，而"行事"即以人类在历史中的实际行为事实为根据的探索方法，与前者比起来，后者确实可以更加深刻鲜明地理解这一问题。

如此一来，对问题进行探索的结果，只能表现为跟踪了人类世界整个历史过程的世界史。而这一过程，又根据把世界的本质看作"一阴一阳"终极形态的"道"的形而上学，以及"道"无法直接认知、只能通过世界具体表象去进行深入探究的认识论观点，被予以深层规定。可以说，这种中国精神如果尝试对世界进行综合，那么世界史将成为必然结果。司马迁的《史记》绝非仅仅以《春秋》为基础进行伦理批判，而应该说这一部作品中存在着创造世界史的独特世界理念。

四

　　也许我有点过于执着于司马迁了。但是，他所提出的"天道，是邪非邪"这一问题，提出了"道"与"春秋之大义""礼义"之间的关系、存在论与价值论的关系等中国思想史上的根本性问题。如何统一理解存在的根据和价值的根据，正是东西方哲学的根本问题。基督教渗透到欧洲之后，根据基督教的神的观念，二者得到了统一。

　　但在中国，拥有绝对超越性的神的观念，至少在知识分子之中早已消失。但对于超越人类力量的事物仍然怀有敬畏之心。《论语·雍也》中所提到"敬鬼神而远之，可谓知矣"，既怀有敬畏之心，又设定出统一了存在根据与价值根据的超验存在，被认为并不能称之为真正符合了"知"的认识。真正按照所谓的"知"将二者统一起来，并非易事。

　　这样看来我们大概可以认为，司马迁之后，中国精神史上至少存在这样一个基本发展趋势，即对于"天道，是邪非邪"这一课题的深化，以及综合解决这一问题的努力过程。

　　首先，形而上的"道"的问题倾向于世界和人类存在的根据，作为与《易经》及老庄道家思想的相关问题得以深化。这一问题从汉朝的谶纬思想发展到六朝时代的玄学、佛教哲学，自六朝时代至隋唐时期，关于这一问题的深入发展占据了思想界的主流地位。而另一方面，人类行为的"是非"问题，作为人类世界的基本秩序原理以及价值规范的问题，是以《春秋》乃至"礼"的学说为中心的儒家思想的固有领域，在司马迁之后的汉朝，成了思想界主流。

汉朝时期在这一主流中所出现的班彪、班固父子所著的《汉书》，虽然继承了《史记》，但仍然批判了司马迁思想中的道家要素，且其形式不再采用通史，而是成了以西汉一代为对象的断代史。当解释世界的原理倾向于"礼"的秩序原理而不是"道"的连续性时，就不必像《春秋》那样成为通史了。但值得注意的是，在以班固为首的汉朝知识分子的意识中，《史记》也好，《汉书》也罢，绝不是我们今天意义上的历史记载。《春秋》当然也不是单纯的编年史，或历史书。而是孔圣人所修订的、揭示世界秩序原理的圣典。对于班固父子来说，司马迁的《史记》以圣人所修订的秩序原理为基准，之后又在若干方面脱离了这一基准，虽然也称得上差强人意，但在揭示世界秩序原理的意义上来讲，仍然属于《春秋》学的范畴。在当时还没有形成史学的固有领域，无论《史记》还是《汉书》，都被当作对世界做出解释的著作，如果以欧洲或现代的眼光来看，就是最广泛意义上的哲学书。

在那样的思想状态中，促使史学形成的最早著作之一，恐怕要数本书第二部分所介绍的公元三世纪、晋代时期杜预的作品，《春秋经传集解》。这部作品试图极其合理地阐明"春秋之大义"究竟是什么，也就是圣人所定的是非善恶的价值基准，即人类世界的秩序原理是什么。

关于这一问题，正文虽然已做出了详细描述，但这一部作品通过努力，证明了揭示"礼义"或"大义"——即秩序原理——的圣典，其实本质上就是史书，而拟定了秩序原理的孔圣人也并非神秘的超人，而是极为人性化的、史官之中最伟大人物意义上的圣人。这种结果，或许并非出于杜预的意料之中。至少从当时的时代环境来看，从作为杜预最初出发点的"春秋之大义"为何物的问题意识来看，这是一种自然而然的结果。但他合理程度惊人的研究方法所引导出的结果，给《春秋》观带来了革命性的转变。具体是怎样的革命性呢？

在杜预以前，《春秋》并没有被当作史书的典范。原本，史书这一观念本身就不明确。甚至以"继《春秋》"作为基本理念之一的司马迁，也并没有这种想法。"从司马迁或当时儒家思想来看，他们并没有把《春秋》单纯当作春秋时期二百四十二年真实记录的历史著作来看待。"（狩野直喜《读书篡余》第4页）虽然这部作品以史官的记录为素材，但毕竟是一部揭示人类世界秩序原理，即价值根据的圣典。但是，杜预使用令人无法否认的清晰论证，揭露了《春秋》中的大部分内容都不包含价值论，而是单纯的历史记载。

《春秋》在今天来看，可以说是一部史书。正因为史书的一部分蕴含着无比珍贵的价值规范，因此《春秋》才成为经典，在这种意义上成了史书的典范。《春秋》是史书的典范、史学以《春秋》为基础的观点，在其后中国知识分子的心中早已成为常识。对我们来说，《春秋》是编年史的一种，这是无须赘言的常识。但是，把这种情况变为常识的正是杜预。就这样，史书以《春秋》作为范本，获得了神圣的基础。从杜预时代开始的六朝时期，中国学术分为经、史、子、集四部分。也就是说，史学领域开始独立。杜预的著作及其普及，无疑促成了史学领域的形成。

但是，六朝时期正如前文所提到的那样，是"道"的形而上学的深化占据思想界主流的时代。在儒家学说之中，《易经》学被完全归于"道"的形而上学玄学之中。出现于公元五世纪上半叶刘宋时代的大学，分为玄、儒、文、史四个学科。现在，《史记》和《汉书》已经被明确认定为史书的典型，正统的史学以《春秋》为范本，在记录历史事件的同时，还必须提出指示价值规范的伦理学。

司马迁曾以"天道，是邪非邪"这一重大问题为中心，撰写了《史记》，但现在"天道"问题成了玄学的主要研究对象，而史学则更倾向于"是非"的问题。这是玄、儒、文、史的"儒"，针对"礼"的学说结构松散这一缺陷的弥补，对其进行了完善和补充。

在这种立场之上，促进史学方法论首次确立的，正是本书第三部分所提到的刘知幾的《史通》。刘知幾很显然以《春秋》为范本，对《左传》和《汉书》的体裁做出了超过《史记》的高度评价。根据刘知幾的基本观点，这种体裁是事实准确、简明扼要的叙述形式，并且切实保持了《春秋》以来的"义"，即世界秩序的基本原理，而可以同时满足这两者们只有真正的历史记载，史学的目的恰恰就在这里。他认为，《春秋》才是史学的精髓，是形成史学基础的最典型成果。因此，史学必然应当按照"义"的规范进行批评。历史记载不一定是通史，而应该采用从某个时期开始直到现代为止的断代史形式。观点的中心，反而就在当下。倾向于针对当下进行批判、站在"义"的立场上进行批判，是理所当然的。批判意识的强度会对历史的把握起到固定作用。

而同时，历史只能以失去原本的变动性及连续性的形式，为人所把握。这就是刘知幾的史学没有成为历史哲学，而倾向于其理想中的历史记述技术论的原因。

以上，从杜预到刘知幾的趋势表明，六朝隋唐的史学以"春秋之义"为基础，与其他的"道"之学——玄学、佛学——相抗衡，代表了儒家的立场。可以说，在这一时期确立的史学继承了《春秋》学的正统，比以礼学为中心的儒学更儒家。"天道，是邪非邪"的问题，分化为"道"学和"春秋之义"学，各自走向了深化的道路。分离深化之后，必将再次综合。这同样也是其后的课题。

五

　　著名唐代文学家韩愈在其名为"原道"——探求道之本——的文章中主张，"道"学长久以来，遭到了道家和佛家"道"学的荼毒，明示了"先王之道""圣人之道"的真正"道"学逐渐绝迹，当下应该复兴道学。众所周知，这种观点开创了中国近世的所谓"道学"，为宋明理学——朱子学、阳明学的展开创造了契机。不过，这里需要注意的是"道"这个词的内涵。

　　"先王之道"的"道"指的是"仁义道德"，即作为先圣的教导及至上的价值规范、必须遵守的人类世界的基本秩序原理。而道家和佛家所说的"道"，却是老子和释尊所倡导的教义，虽然有必须遵守的规范的含义，但它超越了人类世界，进入了作为现实世界的形而上学根据之中，是从这种世界所得到的教义。儒家所说的"先王之道"，简而言之是人类世界的价值论问题；道家、佛家的"道"，则倾向于包含了人类世界的、远远更加广阔的世界的存在原理问题。就司马迁所提出的"天道，是邪非邪"这一问题来讲，玄学（《易经》与道家）及佛教所说的"道"，与"天道"有关，儒家所说的"先王之道"则是"是非"的问题。在这里，同样使用"道"这个词，形而上的"道"和作为价值规范的"先王之道"，两者有怎样的关系，就是思想界的根本问题。

　　以道家的"道"和《易经》的"道"（也就是形而

上、一阴一阳的"道")的存在论为依据，构想出雄壮的无限宇宙时间论，并将人类历史看作其中沧海一粟的，就是本书第四部分所介绍的公元十一世纪北宋时期的邵雍。

用邵雍的其中一条史论介绍他的思想，或许会使人感到奇特。实际上在中国，他的著作《皇极经世书》并不是史书，而是作为一位思想家的作品，被视为"子部"的著作。他的思想以《易经》的数理为基础，把这个世界自形成开始，经过发展，最终毁灭的一个周期以十二万九千六百年计算，而其中包含了人类整个历史、世界形成并毁灭的一个周期命名为"元"，宇宙是"元之元之元之元"即"元"的四次方（129600^4）"两万八千二百一十一兆九百九十万七千四百五十六亿年"，就这样重复地进行形成与毁灭的无限循环。这种思想把一阴一阳不断变化、无限连续的"道"的观念发展到了极限，在这种意义上，可以说是把中国历史观的一个方面扩大化的表现。

更让人感到有趣的是，那位著名的《资治通鉴》的作者司马光，与邵雍私交甚密，无论在人格还是学问上，他都十分敬重这位前辈。邵雍去世时，司马光作了"慕德闻风久"的《哀辞》进行悼念（《温国文正公文集》卷十四）。他对邵雍宏大的循环史观致以充分的敬意，而且，司马光本人出于继承《春秋》，为应有的政治贡献力量，才撰写了《资治通鉴》这一部巨著。

这部著作包含了正统的中国史学精神，收录于《中国文明选》系列的其中一册，恳请各位参照阅读。我们需要注意的是，在中国极具代表性的历史著作《资治通鉴》及其作者司马光精神的深层之处，埋藏着邵雍宏大的无限循环史观。"春秋之义"即针对人类世界秩序原理的强烈关注，及其支撑之下针对历史事实客观认识的努力，与"道"，即世界存在论原理，以及作为其展开的无限循环论中包含的人类世界的必然灭绝，并非毫无关系，应该说两者之间存在互为表里的关系。

但是，邵雍的"道"的观念采用了极端的表现形式，而另一方面在像司马光那样坚守了"义"的意识的同时，互为表里关系的存在论思考与价值论的侧面，不久将被合并至伦理层面。与邵雍、司马光同时代的程颢（世称"明道先生"）、程颐（又称"伊川先生"）等人向着这一方向大步迈进，不久，在朱子的领导下，中国的存在论与价值论合并形成了庞大规模。形而上的"道"与"先王之道"，根据"气"与"理"的概念关系，再加上"理"的优先性，得到了体系化。关于这一点，请参阅本系列的《近思录》《朱子集》等。

然而，在宋学的这种宏大的哲学体系中，为了加强"理""万古不变"的恒常不变性掌握倾向，"道"反而被固定化了。当被固定掌握的"理""道"再次被人动态

地掌握为"一阴一阳之谓道"时，以宋学宏大的哲学体系
为基础的整个世界就会按照原样运转起来。我认为宋学的
哲学体系，在不久之后必然将再次孕育宏大的历史哲学。
而这就是十八世纪的章学诚，把"理"作为"理势"、把
历史的展开作为"理势之自然"（正文第329页）进行了
概括。本书最后收录的《文史通义》中的"原道"一文，
就说明了这一点。

　　这篇文章阐述了章学诚的著名论题"六经皆史"的思
想依据，其中的中心问题之一，仍然是形而上的"道"与
"先王之道""圣人之道"的关系问题。如果说形而上
的"道"是包含一阴一阳动态的"理势"，那么历史的展
开则是依据"理势之自然""道"的自我表现的"迹"。
这种观点不禁让人想起黑格尔的思想，他认为历史是绝对
精神的自我展开。"事"，即"道"自我表现的"迹"，
"事"内在包含了相互等同的"道"与"理"，因而
"事"又等同于"理"，这便是其本来状态。"古人未尝
离事而言理。"（正文第35页）理性的即是现实的，现实
的即是理性的。

　　但是，"理"不应该是事先被设想的（铃木成高《兰
克与世界史学》第32页）。像宋儒那样徒然谈"理"是
没有意义的。"义理不可空言"（正文第406页），原本
就像宋儒那样，认为"六经（即义理）即载道之器"，只
固守这一点是错误的（正文第367页）。六经即"圣人之

道"，不过是形而下的"器"。"道"不过是自我展开的"迹"而已。这绝不是"道"本身。与"道如车轮"相对的是，"圣人制作犹轨辙也"的关系（正文第331页）。说到底，这是历史的产物，只是"道"的"迹"的集大成形态，作为至纯的结晶，我们应该守护的是无比珍贵的"器"。而我们就是这样"守器而忘道"（正文第371页）。"忘道"，即终极的实际存在普遍无法依据合理分析的理性去认知，只能以非合理的直觉去认识，这种观点是中国的基本认识论。只要有这样的认识论，针对"理"等同于"事"的认识，必然导致对"事"的彻底追求。在"事"上则不能忘"理"。如此看来，比起黑格尔，这种思想更接近于兰克。"世界史中的普遍……必须根据具体事实得以直观。"（铃木，前述作品第33页）

六经确实是"道"之"迹"的至纯集大成。但这种现象是怎样出现的呢？这取决于"时会"——时间的相遇。这是一种作为世界史事件的成果。这里与兰克所说的Zusammentreffen（相遇）具有相似之处。通过这样的"时会"，六经被完全提取出来，虽然长久以来成为引导我们后世人类前进的灯塔，但对于六经成立之后"事"的变化，六经却未发表任何观点。我们所要做的，就是"约六经之旨，而随时撰述以究大道"（正文第393页）。这里所说的"撰述"，已无非是基于史学，所谓学问，在史学之外，别无他法。

　　关于以上内容，我一边查阅收录于本书的中国人撰写的文章，一边在中国精神史的基础上探究这些内容所占据的位置，关于中国人自古以来如何看待历史、历史学应该是一种怎样的存在等问题，我总结了一下。由于我并非专修中国哲学史，司马迁"天道，是邪非邪"这一问题的提出，以及解决这一问题的探索历史，与思考中国精神史相对的，或许是哲学史专家所提出的疑问。

　　但我认为，至少就史学思想而言，"天道，是邪非邪"的问题贯穿了中国史学的根基。尽管经历了许多迂回曲折，但"天道"和"是非"的问题仍然相互交织在一起，中国人仍然执着地追求这一基本问题。而对这一课题的追求，则表现为十八世纪章学诚的深入哲学研究基础上所形成的泛历史主义。

　　"天道，是邪非邪"，或形而上的"道"，与作为文明基础的"圣人之道"之间的关系问题，正如我们反复提到的是涉及存在论和价值论根据的哲学问题，而这正是世界观的根本问题。中国的历史学家们根据这一问题，创作了历史著作，构建了历史理论。中国没有可称为历史观的思想，也没有极具个性的历史学家的立足之地，抑或中国没有世界史的理念，关于这些问题，我们无法轻易断定。但我认为恰恰相反的是，把不断变化的"道"看作世界的终极形态、通过辩证法结构把握世界本质的中国形而上学，以及无法通过合理分析的理性来把握"道"、只能通过具体的事实关联去直观认知的认识论，两者作为根基所构建的中国精神，恰恰本质上就是历史精神。司马迁之后的中国史学思想史，正是这种中国基本精神结构的自觉深化过程。

因此，《史记》的纪传体作为中国精神最初的巨大自觉表现，以中国精神结构为根基牢固构筑起了世界史学，是无法被轻易超越的。类似地，与中国不同的希腊精神，着重于追求永恒不变的存在，对以形式逻辑学为基础的柏拉图、亚里士多德哲学进行了综合体系化，在其后的近两千年时间里，亚里士多德在欧洲无法被超越。如果将以辩证法思维为基础的中国世界精神史，与以形式逻辑思维为基础的西方世界精神史进行对比，司马迁所占据的地位并非等同于希罗多德，而恰恰与亚里士多德的地位相当。在这种意义上，如果说司马迁之后无论是谁在书写历史都没有太大差别，那么同样在欧洲，亚里士多德之后直至近代科学思维产生之前，无论是谁在书写都不会产生较大差异。本书所讲解的中国人作品，若可贡献绵薄之力帮助人们重新审视中国历史观，将不胜欣喜。

回过头来看，本书作为《中国史学论集》，未免有失偏颇。虽然刘知幾之前的内容还说得过去，但并未采用内藤湖南博士所推崇的《通典》的作者唐朝杜佑（公元735—812年），也忽略掉了作为《通志》的作者受到高度评价的宋朝郑樵（公元1104—1162年），而选择了被当作

奇异的思想家的邵雍，这是偏颇之处的第一点。作为历史
学家的邵雍，比同时代的司马光更有名气，而这一点在本
书中未作说明，在"总论"中仅仅稍有提及，本系列另一
部《资治通鉴》中已作了专门说明，这样可以避免重复。
不过，既然采用了邵雍，可能会有人觉得有更加适当的历
史学家可以采用。

　　但我其实一开始就打算，一定要把邵雍收录进这部书
中。我觉得所谓的无限宇宙时间论，作为史观，实在非常
有趣。人们常说，中国人的历史观只是循环史观。但规模
如此宏大的循环史观，在欧洲是决然不会出现的。这正是
中国式思维的宏大典型之一。我无论如何也想把这一点介
绍给全世界。

　　不过正如我们所看到的，不具备易学知识的情况下，
很难理解邵雍的思想。而我终于无法以易学为基础重新开
始从容应对。就在我以为只能放弃这一段收录的时候，幸
好同事三浦国雄给予了大力支持。三浦是本田济先生的门
生，对于易学很有心得。而且，作为著名论文《资治通鉴
考》（《日本中国学会报》23号，1971年）的作者以及年
轻学者，他对于中国的史学思想和宋学都有深入研究，是
整理邵雍相关内容的最佳人选。我把与邵雍有关的内容全
部委托于他。因此，在这本书中，邵雍《皇极经世书》的
部分，全部来自三浦国雄笔下。而且他通读了我所有的译
稿和解说，帮助我校对，还给了我很多建议。在此，我对

三浦国雄表示深深的谢意。

本书有失偏颇的第二点，在于章学诚《文史通义》中的"原道"包括上中下三篇，而本书只收录了以上相关内容。由于本书篇幅有限，所以不得不对许多内容忍痛割爱，但这本书只收录了"原道"的哲学相关内容，所以被认为过于偏重哲学。

但要理解章学诚，无论如何也要回到"原道"的相关内容，在我看来，他的根本思想就在此处，我们无法避开这部分内容。我是一个哲学外行，而且对中国近世还很不了解，竟如此热衷于哲学论文，在策划方面确实过于暴虎冯河。不过，如果不涉足这一领域，终于还是无法理解章学诚。

而且，由于出版相关工作已临近尾声，愈发心急，这一部分内容最为粗糙。但幸好在这本书完成之前，终于获得吉川幸次郎先生的校阅，不仅章学诚的部分，针对其他部分他也做了一些修改。

本书的上述偏颇，也就是过于偏重于哲学。"总论"中也提到，我自己并没有专攻中国哲学，却枉然展开了哲学议论。关于这一点，我很抱歉涉及了很多私事，下面请允许我稍微说明一下。几年前，我在贝冢茂树先生的监修下，译制了相当多的《史记》列传（世界名著11《司马迁》，中央公论社）。

当时，我被司马迁的博大与深刻所震撼，而每当看到日本代表性的欧洲学者针对中国人的历史观做出的发言，我都无法抑制心中的不满。我们针对中国所作的研究，在于把中国文明真正的博大与深度通过现代用语进行充分解读，并传达给现代，这一任务尚未完成，我便已经切身体会到了这件事的困难程度。这次，吉川先生委任我负责这本书的编写工作，我终于不得不与这种困难进行斗争，借此机会我再次对《太史公自序》进行了反复精读，并在此期间发现了《世界名著》前译的错误及理解的不充分，多多少少感觉自己体会到了司马迁深远的问题意识及历史意识。就像本书所提到的，这似乎是关系到中国人世界观结构的极其哲学的基本问题。而且，如果使用现代用语尽可能追踪这个问题，并根据我所能理解的程度进行条理分明的说明，或许也可以使欧洲学者理解这一问题。于是我的脑海中浮现出了可以帮助进行解释说明、"总论"中所提到的下村寅太郎。他其实是我的姐夫。

"哲学是诸学之学。"我记得这句话是我在中学时代听姐夫说的。从那之后，哲学成了我敬畏的对象。而后来又渐渐明白，哲学是我力不从心的一种存在。

我宁愿躲开哲学，逃避进历史之中。这时姐夫劝我，如果要研究历史，那就研究中国史。原来姐夫深深倾心于中国。开始研究中国史时，我按照史学界的一般倾向，走向所谓的社会经济史方向，逐渐远离了哲学。我朝这个方向努力的时候，不断鼓励我的还是我的姐夫。

　　然而，当我为了编写这本书，再次精读《太史公自序》的时候，突然想到《史记》就是所谓的"诸学之学"。"诸学之学"在中国自然也会成为像朱子学那样的宏大哲学。但中国的"诸学之学"与其说是哲学，不如说是像《史记》那样的世界史成果。古代中国最宏大、最系统的"诸学之学"没有成为哲学，反而成了世界史，这暗示了中国精神的基本性质。我认为，使得古代中国精神归纳出世界史的基础，促使中国精神趋向于历史的根据，与中国思想基础中"道"的观念不无关系。对我来说，一直逃避的哲学课题突然出现在眼前，简直令人不知所措。

　　虽然一度产生了这种想法，但出于推进本书的相关工作，也不得不直面横亘在中国史学根基之处的这个哲学课题。这本书偏重于哲学，实为迫不得已。我想，既然这里没有传达中国史学全貌的空间，就不得不舍弃很多东西，而且把这里遗留的中国史学的一方面，与这种根本问题联系起来，也是可以原谅的。但对与哲学渐行渐远的我来说，确实在很多方面力不从心。我经常在想，如果多一些哲学方面的素养，我大概能讲解得更清晰、更有趣。特别是"总论"的归纳方法，经常受到中国哲学专家的批评。但是我认为，即便是我这种非常粗枝大叶的理解，也能成为提出问题的契机。虽然现在很遗憾我不能再继续下去了，但这也算是不学习哲学的报应，不得不放弃。

　　在这种情况下，针对中国人的历史观，本书没有自信能够说服姐夫。更何况，这是否会对众多欧洲学者针对中国史学的思考方法产生些许作用，完全不得而知。但是，诸如"中国没有世界史理念""在中国，有个性的历史学家没有立足之地"之类的发言出现之前，这本书如果能够促使人们重新思考中国人的历史观，就已经达成了目的。这本书，是由姐夫发起，呈现在欧洲学者面前，为中国进行代言的一份报告。

虽然赘述私事很过意不去，但姐夫去年迎来了古稀之年。如果可以的话，我想把这本书作为姐夫古稀之年的一份贺礼，但是已经来不及了，这本书的工作已经推迟了一年左右。给本系列的读者和出版社也添了麻烦。今天，这本书终于成形，对世界史哲学进行构思的姐夫也已过古稀之年，姗姗来迟，还望见谅。因为在我踏上学术的道路、时至今日一直持续探索的过程中，是姐夫持续给予了无言的影响力，他对中国精神史保持着深切的关注，而我所能双手奉上的，只有这一份微不足道的报告。

此外，我还想对吉川幸次郎先生给予我这份工作表示深深的谢意。对于将杜预的"左传序"收录进《史学论集》进行游说的，正是吉川幸次郎先生。我知道，《春秋》和《左传》是中国史学的根本，所以相关解读必不可少。但是在中国史学史上，从一开始就不知道应该如何定位杜预。

在学习杜预的过程中，了解到杜预的伟大之处后，我不禁瞠目结舌。我不得不再次想到中国人的伟大。古典的，毕竟是伟大的。我深切感受到自己叩门问道得到了高声回应。在中国，肯定还有很多使人瞠目结舌的东西。

一九七三年六月十五日

中国人的历史意识[*]

一、历史和伦理

中国被称为"世界第一历史大国家","遗留下来
的史书之山堪称宝库"。在中国,如此庞大的历史记载在
几千年时间里为什么会如此生生不息?为编纂历史而做出
的执着努力是由何种精神支撑的?我认为这是思考历史所
要面临的重大问题。虽然我无意对这一重大问题做出充分
解答,但我还是想举出一些中国史书及撰写史书的历史学

---

　　[*]　编注:本篇原本是由日本文化会议主办、以"历史形象
的东西"为主题的东西文化比较研究第五届研讨会第三次会议上
的报告。该研讨会各次会议的相关报告以及本篇报告一同收录在
《历史的东西》(研究社,1976年)中。"补充"在报告后的讨
论之前,应主持人的要求而口头做出。

家所具有的一贯特色，并以此为线索，找出解决问题的头绪。

首先，中国的庞大史书，以及众多历史学家的一贯特色之一，是看待历史的眼光常常包含强烈的伦理精神。中国首部史学方法论专著的作者，唐朝历史学家刘知幾（公元661—721年）强调，历史家的首要任务即"彰善贬恶"，为了实现这一点而"不避强御"，也就是说毫不回避掌权者，针对掌权者的恶行，即使赌上性命也要"直笔"批判，这一观点正是伦理精神的典型体现。中国历史学家的这种伦理精神显然来自"劝善惩恶"的《春秋》"大义"。

但问题是，以强烈的伦理精神作为本质之一的《春秋》，在古代中国为什么一直被认为是"史之大原"？以《春秋》作为史书典范，因而历史学家有责任仿照《春秋》经常针对历史行为进行伦理考察的观念，为什么会得以如此坚韧的持续呢？这个问题，无法简单地通过《春秋》修订者孔圣人的权威，抑或儒教的问题得以还原，而应该把它当作两千几百年的时间里、一直把孔子作为权威来信奉、持续主动坚持儒教意识形态的中国知识分子的意识结构问题来进行探索。也就是说，中国的历史学家及史书，为什么必须具有如此程度的伦理性？与此同时，具有如此伦理性的史书，是如何得以存在的？

《春秋》襄公二十五年（公元前548年）中，有"夏五月乙亥，齐崔杼弑其君光（庄公）"的记录。据《左传》的解释，齐国崔杼的君主庄公与其妻私通，崔杼并未亲手弑君而是指使手下杀害了庄公。该事件发生之后，齐国史官兄弟二人为了保留记录而遭到杀害，最终根据二人的弟弟的记录，上述事件才得以留存。这种毫不惧怕强权、"直笔"记录事实的史官，作为中国历史学家的理想形象，先由刘知幾所继承，而后得以发扬，中山治一以上述《左传》的解释为基础，对历史记载及伦理批判之间的关系进行了如下考察：

　　崔杼杀害两名太史目的在于转移问题，但他出于什么原因必须连续杀害两名太史呢？当然，这是因为担心自己的行为会被记录下来流传到后世。然而，历史学家并没有对崔杼进行主观道德批判，仅仅只是把崔杼的行为原封不动记录了下来而已。所以在这种情况下，崔杼惧怕的并不是历史学家的各种主观判断，应该说害怕的是自己的行为被记录。因此，原封不动地记录人的行为，其本身就包含了伦理批判。

　　……人类行为或人类事实的记录本身所具有的伦理批判性……就是历史批判的本质……史书经常被称为"镜"的根源，实际上就在这里。（中山治一《史学概论》第11—15页，学阳书房，1974年）

记录本身的性质包含伦理批评，这一点的指出是非常难能可贵的，但记录本身所具有性质的这一面，使人更加强烈地意识到，历史学家理应做出伦理批判的这一持续观念，是出于怎样的缘由？这种观念在中国尤其显著地表现出来，又是出于什么原因？这些仍然是有待解决的问题。而且在中国，历史批判并非单纯出于个人道德乃至家庭道德层面的"劝善惩恶"，所谓的"劝善惩恶"原本作为君臣之间的道德，已上升成为与国家乃至全体人类社会相关的广泛层面的问题。在这里，历史批判不仅仅局限于伦理批判，而是直接与政治批判密切相关。我们不得不问，为什么中国的历史记述如此执着地饱含伦理政治考察呢？

二、经世与历史

中国史书与历史学家的第二个一贯特色，正如《资治通鉴》的典型表现，在于把历史作为政治资本的强烈意识，史学应以立足于"义"着眼于"经世"的思想，正是十八世纪的章学诚在最深厚的哲学基础上构建史学理论的基本主张。

"经世"一词，通常是指"治理天下"，被特别用于理解政治或统治上的意义。"经"的原意是"纵线"，所谓"经世"则是为世界引出纵线，意味着建立通用于整个人类世界的秩序。这与联结近代国民国家的国家学（Staatswissenschaft）的"政治"观念不同，是超越了国家层面、更为广阔的整体人类世界秩序，并通过秩序的确立来维持文明世界。既然"经世"是这样的人类世界秩序，以维持文明世界为目标，那么这就必须与人类社会生活的秩序，以及文明人类的不断创作（即"教化"）联系起来。为社会生活加以秩序、构成文明人类的基本条件，并成为"教化"基准的，正是"经书"中所指示的伦理规范、是非善恶的价值基准。

因此在中国，政治和伦理是一体的。伦理是政治赖以生存的基础，而政治则被认为必须以建立伦理世界（即文明世界）为目标。所谓"修身齐家，治国平天下"，小到个人，大至整个人类世界，必须整合至同一个伦理（等同于政治）秩序。然后，该秩序原理被称为"礼"，"礼义"即"礼"的原理，是构成文明世界的基本条件。如若失去这种条件，人类世界将堕落为野蛮与禽兽的世界，它被认为是文明人类的最后一道防线。

因此，关于中国史书和历史学家，在第一节所提到的强烈伦理精神特色，以及本节所给出的第二点特色，即对政治的强烈关注，两者共同来自政治（即伦理）方面的"经世"意识这一根源。这是对构成文明的基本秩序进行守护的意识，建立在维护"礼"原理基本秩序的自觉意志之上。

实际上，古人教导我们，"礼（lǐ），履（lǚ）也"。中国人喜欢使用谐音来说明问题，"履"是用来穿戴的东西，也就是实践。"礼"是整顿人际关系、使人类文明社会得以存续的基本秩序。

文明的这种基本秩序，只有对"礼义"即"礼"的原理有了充分的认识，并将各种具体、日常的"礼"的规范付诸实践，才能得以维护。在中国，政治即伦理的强烈"经世"意志，可以说以维护文明的基本秩序为目的，建立在这种自觉的实践意志之上。

那么在中国，维护社会基本秩序的意识为什么如此强烈，尤其在以引领社会为己任的知识分子——以历史学家为代表的知识分子——之中，"经世"意识的自觉意志为什么如此强烈，则又是一个问题。追求秩序的强烈意志，与对无秩序的强烈恐惧，或者说对无秩序的认识程度成正比。这里面是否包含米尔恰·伊利亚德所指出的宇宙与历史的关系问题呢？

伊利亚德认为，诸多事例表明，传统文明中的人们通过天地开斗的反复及时间的周期性复苏，或者通过为历史事件的意义赋予元史学意义，来经受历史的考验，在历史之中守护自我。［*Cosmos and History,the Myth of the Eternal Return*（《宇宙与历史：永恒轮回的神话》）］

所谓的元史学意义是指"不仅给予人安慰，而且无比通顺，通过各种缘由调和宇宙与人类存在关系的牢固体系"（同上，第四章"历史的恐惧"），所谓包含宇宙与人类存在的体系秩序，或许就是字面原意的宇宙。针对陆续引发灾难、不幸、苦恼等各种事件、带走一切东西并且左右个人或集体命运的历史（history），传统文明社会中的人们用尽一切手段对作为和谐秩序的宇宙进行持续再确认。伊利亚德的《宇宙与历史》展示了人们如何驱赶历史，热切地期盼宇宙秩序的复苏。

在中国，政治即伦理的强烈"经世"意识、维护文明基本秩序的强烈意志，或许可以看作伊利亚德所说的"驱赶历史"、宇宙再生意志的一种表现。这与世界上所有的古代社会、传统社会中常见的"与历史为敌"，似乎有共通之处。但值得注意的是，在中国，与"驱赶历史""与历史为敌"等关联的宇宙再生意志，恰恰体现在历史记载，并投入到历史本身之中。关于这一点，让我们具体了解一下司马迁的情况。

三、司马迁的宇宙与历史

司马迁在太初元年（公元前104年）开始撰写《史记》，《史记》是中国最早的综合性历史著作，可以说是当时的世界史。而且，在当时的构想中，司马迁似乎打算用这一年的时间，把至太初元年为止的历史全部书写下来。对他来说，太初元年有着极其重要的意义。因为在这一年，实行了名为太初历的新历法。

这一新历修改的基本观点在于，长期以来一直沿用的四分历——以365¼天作为一年的长度——与天象不合，另外汉朝兴盛以来已经过了102年，这一年作为替换旧王朝领受新天命的标志，自然应该改革制度。改革制度的标志是"改正朔，易服色"，"正朔"即修改历法，是修改制度的必然要求。当时任太史令的司马迁与壶遂等人一同建议修改历法，从武帝那里领受了修改历法的工作。在司马迁等人的基础上，诸多天文学家被动员起来，开始为编写历法进行必要的观测，公元前104年11月1日刚好是甲子日，"朔旦"（即半夜时点）与天文学上的冬至时点相一致，以该时点为起点，新历就此编制完成。

随后，将这一年改元为太初元年，这种历法被称为太初历。所谓"太初"，自然是"宏大的开端"的意思，无非是伊利亚德所说的天地开斗的再生。

太初历也称为八十一分法，一个朔望月的长度为29$\frac{43}{81}$天，一年的长度为365$\frac{385}{1539}$（81×19=1539）天，基本常数定为81。这个常数，来自作为十二音律基准的黄钟律管，黄钟律管长9寸，体积810立方厘米，由其推导出81的常数。该黄钟律管，也就是今天所说的标准测量仪器，由其作为度量衡的标准，同时也作为音律和历法计算的基准。另外，该基准数值9是阴阳之中的阳数的完全数，9×9=81是高次的完全阳数。以这样的数值作为基准，所有的计算都是根据具有阴阳象征性意义的数字原理推导而来的。

从音律的音阶、度量衡单位、一年的天数、置闰次数，乃至天文现象的计算和预测，为宇宙运行和人类生活

赋予参考标准秩序的，可以说正是根据阴阳数理进行有机
联系的统一。而且，这种相互关联的统一数值体系，由太
初历所首创。一和全新统一的世界秩序自此开幕，同时这
也是一种名副其实的"太初"宇宙的新生。

司马迁积极推动、参与了这项大事业，作为太史令，
他是负有监督责任的负责人。当象征着全新宇宙体系的新
历完成并被颁布的时候，他向同僚壶遂披露了自己的决
心，表示要建立更大的体系：

先人有言："自周公卒五百岁而有孔子。孔子卒后
至于今五百岁。有能绍明世、正《易传》，继《春秋》，
本《诗》《书》《礼》《乐》之际？"意在斯乎！意在斯
乎！小子何敢让焉！

在当时，宇宙正在进行重新编制，恐怕这也是持续
到未来的世界秩序框架所形成的时点，司马迁的下一个课
题，是把截至当前为止的过往人类世界全部整合起来，并
为其赋予秩序。不用说，这就是完成《史记》的大业。

在编纂《史记》的司马迁的意识中，"继《春
秋》"，以构成了文明世界的基本秩序的"礼"作为原理
来对照，将人类历史全部整合起来的意图非常强烈，这一
点已向来为人所指出。即，在通过太初历而重新编制的宇
宙新秩序中，将过去人类的努力进行正确定位，从这种意

义上来讲，可以将其理解为，试图使贯穿过去、现在及未来的全新宇宙再生的宏大意图的其中一环。

但是，促使宇宙再生的意志，本来并非与之相关联的"驱赶历史""与历史为敌"，而是在对抗历史本身的秩序化时，宇宙与历史的激烈对决。司马迁将这一问题以"天道，是邪非邪"的提问形式进行了表达。所谓"天道"，就是"一阴一阳"不断重复、持续变化、无限连续的世界存在形态，是以时间推移为本质的世界的存在原理。与此相反，"是非善恶"则是作为有秩序的价值体系——宇宙的形成原理，是文明人类世界的成立根据。带走人类的价值体系的时间变迁，也就是历史，以及被其所带走的价值基准，也就是宇宙的成立根据，"天道，是邪非邪"的问题，可以说就是上述两者关系如何的历史哲学根本问题。

司马迁心中这种强烈要求宇宙重生的意识背后，隐藏着对历史这一时间推移体系的深刻认识。而司马迁这种以完成《史记》为目的的著作活动本身，同样包含了自身的存在，且针对带走所有价值的历史，持续采取了最顽强的对抗姿态。虽然这就是人类著作活动内在本质的一个方面，但对于司马迁来说，他期待《史记》可以给出证据，以证明书中所记述的人，尤其那些为了正义而努力维持人类世界的历史人物，以及同样也在忍耐历史的自己，在永恒的宇宙之中拥有存在的理由。

司马迁的这种对抗姿态，源自于变迁的时间，带走所有价值的时代洪流，也就是对于历史的深刻认识。或许，这与伊利亚德所说的"历史的恐惧"存在关联。那么，下面让我们来看一下，对于中国人来说，有关历史以及时间的认识究竟具有怎样的性质。

四、变迁的时间观

不仅仅是司马迁，中国人时间观念的根基之处，向来存在"一阴一阳之谓道"《易经·系辞》的观念。"一阴一阳"的世界，是时间进行阴阳循环的世界，是以循环来看待历史的循环史观，确实在深深支配着中国人。司马迁曾说过下面这一段话：

> 夏之政忠。忠之散，小人以野，故殷人承之以敬。敬之散，小人以鬼，故周人承之以文。文之散，小人以僿，故救僿莫若以忠。三王之道若循环，终而复始。周、秦之间，可谓文敝矣。秦政不改，反酷刑法，岂不缪乎？故汉兴，承敝易变，使人不倦，得天统矣。（《高祖本纪》论）

在始终循环的"天统"观点的家谱中，遥远后世的十一世纪，存在着北宋邵雍（公元1011—1077年）的所谓"元会运世"论（三浦国雄"皇极经世书"《史学论集》收录）。即，根据时间单位，一"世"为三十年，一"运"为十二世，也就是三百六十年，一"会"为三十运，也就是一万零八百年，一"元"为十二会，也就是十二万九千六百年，这就是无限宇宙时间论，这种学说建立在《易经》的阴阳循环六十四卦原理基础之上。此外，相当于十二万九千六百年的一元，被认为就是我们这个世界自形成开始、经过发展，直至毁灭的一个周期，拥有这种周期并进行形成与毁灭的"元"的世界，被认为将不断重复形成与毁灭的过程，进行无限延续。邵雍把"元"的世界的延续，计算到了"元"的四次方（129600^4），即两万八千二百一十一兆九百九十万七千四百五十六亿年，但并不意味着宇宙时间就此完结，只是单纯因为无法继续计算下去。需要注意的是，该无限宇宙时间论虽然把一阴一阳不断变化无限延续的"道"的观念展开到了极致，但无限延续的"道"是由"元"这一特定循环规律所组成，从"元"到下一个"元"持续循环延续的时代变迁本身，绝不会再次逆向回流。

实际上，人类世界以十二万九千六百年为周期完全消失、再次陷入混沌之后，依据一定原理重新产生的"元"的世界，谁也无法保证会以当下人类世界相同的方式进行展开。毁灭后的世界，对于我们人类来说完全不可知，只有无限延续的"道"从"元"到"元"进行接续。所谓的"道"，除了等质、空虚的时间流逝以外，什么也没有。

我们人类无法了解死后的事，只能听凭于"道"，《庄子》明确阐述了这一观点。在"大宗师"篇中，一个垂死的人这样写道：

浸假而化予之左臂以为鸡，予因以求时夜；浸假而化予之右臂以为弹，予因以求鸮炙；浸假而化予之尻以为轮，以神为马，予因以乘之……今一犯人之形，而曰"人耳人耳"，夫造化者必以为不祥之人。今一以天地为大炉，以造化为大冶，恶乎往而不可哉！

对于以变化的形态来把握世界本质的庄子来说，产生变化的"道"，是带走一切、相对化同质、空虚的时间流动。在这里，人类自作聪明的价值判断是没有任何意义的。恰恰相反，世俗人类的价值判断，即主动放弃"是非善恶"，把自己的精神维持在空虚静谧的状态，并以此与同质空虚的时间进行冥合，才是超脱出世界变化的唯一方法。可以说，深植在永恒流动的空虚时间根基之处的，正是与根源性时间流动的一体化。从这种根源时间的角度来看，现实世界中万物的变化生灭，即历史，只是其表面所体现的波动。可以说，脱离了"历史的恐惧"的"历史的驱赶"，对于庄子来说，是通过进入历史本身根基之处空虚静谧的根源性时间来完成的。

所谓"道无始终"（《庄子》秋水篇），变化世界根源之处的"道"，即根源性的时间流动，是无始无终进行延续的。"道"又是"虚无"，是被纯化为毫无内容状态的等质流动。这种流动表现为"量无穷，时无止，分无常，终始无故"（《庄子》秋水篇）。

在这种流动中，"故"，即本来的状态，是无法持续的。这种时间观念可以说是一种无法回归的、单向的、直线的时间认识。这种对时间的认识，由老子着先鞭、经庄子进行明确化。

正如《易经》系辞的"一阴一阳之谓道"，这里的"道"虽然是指阴阳两种相矛盾的因素进行交叉循环的规律，但这种循环绝不是单纯的回归，"道"本身就以"无始无终""虚无"的、单向的时间观念为根基。

五、历史的成立根据

以庄子为中心的道家之"道"，如果允许通过上述观点来把握时间观念，那么作为《易经》的解释窗口之一，包含了这种时间观念的"道"的概念被引进儒家之中的话，压在中国知识分子身上的一般性因素，将全部被无价值化，成为虚无、单向的时间流动。向这种流动屈服时，则必然会产生宿命论上的达观。然而，既然活着本身就是对这种无价值化的抵抗，那么他们也就不断以某种方式与之抗衡，这是不言而喻的。

庄子成功地逆转了这一无价值化的潮流，主动地进

入这一潮流的根基，并从根基之处观察在这一潮流中摇摆
不定的世俗世界。但是，这种方法即使打开了道，促使数
量极其有限的特殊个体参与到时间永恒性，它与现实世界
的秩序仍然存在着维度差别。但需要注意的是，以庄子这
种方法作为出发点的"隐士"，是不同于现实世界角度
的、针对现实世界的冷静观察者及纯粹认识者，成了一种
历史学家的变种。我们之前提到的北宋邵雍，就是这类学
家的其中之一，晚清时期十九世纪前半叶的龚自珍（公元
1792—1841年）在其作品《尊隐》中，通过比较"史"
的分类，向纯粹认识者的隐居表达了尊重（参照岛田虔次
《尊隐》，《仁井田陆博士追悼论文集一·前近代亚洲的
法律与社会》）。

　　一般的知识分子自然以维护文明世界及现实世界的
秩序为使命。即，保持所谓的"礼"的原理，每天实践
"礼"的各项规定，也就是逐一践行伦理即政治秩序的守
护行为，在各自时点对无价值的时间流动进行价值化。将
无价值的时间价值化的行为，即历史行为，只有这样，历
史才开始得以形成。

　　当我们意识到，他们的行为是在无价值的时间流逝中
逐一去赋予价值的足迹时，即使这些行为的意义再小，也
必须用心地记录下来。在日记、诗、书信等各种形式的文
字中，不仅要写自己的行为和思想，还要把有关的旁人事
件乃至琐事，统统夆乱地记录下来。因为人们认为，这种

日常性记录行为与相关记录的累积就是历史，是人类存在过的证据。中国知识分子所遗留的庞大记录，及其内容的庞杂，恐怕就是出于这种意识。

像这种在逐个历史行为之后进行整理，并归纳统一为历史记载的体系化行为，正是中国人的共同愿望，也是必然的要求，这是很容易理解的道理。自司马迁的《史记》以来，两千多年间不断编纂正史的原因就在这里。对无价值的时间流动赋予价值与意义的人类行为，作为人类存在的证据，作为人们一路走来的"道"的痕迹，并作为秩序与文明应有状态的指示，必须得到准确的记录。在这一过程中，作为价值原理、基于"礼"原理的政治即伦理批判的出现是理所当然的，同时要注意的是，为探清事实的准确性，他们付出了巨大的努力。

其中最典型的例子当属《资治通鉴》的作者司马光，他在《考异》中所表达出的对史料的批判，其严格程度可以说毫不逊色于近代历史学。

因此，对于中国人来说，青史留名被认为是曾存在于世的最好证明。人们一直认为，生存就是存在于历史之上，是将其本身与永恒联系在一起的最好的方式。永恒与历史这种悖论式的结合，用宇宙与历史对立的伊利亚德方法是无法解开的。除此之外，我们还应该在"虚无"的、虚无主义时间轴和宇宙轴两者之间，树立一个彻底无价值的时间轴，作为两者辩证统一的历史轴。

彻底"虚无"的时间轴,存在于基督教思想的框架之中。在近代历史三义(historismus。译者按:德语,意为"历史主义、历史至上主义"等)所产生的相对的、无价值化的时间观念,或者更加彻底虚无主义的时间观念中,中国人一直在苦苦寻求如何找到价值。其结果,可以说是在虚无的时间长河中,找到了作为人类而努力生存、将"虚无"的时间转化为历史的生存证据。

补充

最初我拿到的主题是"中国人的历史形象",不过无论是怎样的历史形象,就好像第一部分中介绍芳贺先生是怎样的历史学家那样,中国也有许许多多的历史学家,他们各自都有存在微妙差别的历史形象。对这些进行总结非常困难,所以我稍微改了一下主题。也就是说,正如报告开头所提到的,在中国,如您所知,庞大的历史记载源源不断。而支撑这一点的精神是什么,催生出庞大历史记载的又是什么,应该就此类问题写一篇研究报告。是否可以把这样的问题称为历史意识,已经成了问题。

比如前面章节所提到的那一位,认为真正意义上的历史意识是欧洲所固有的,如果只把以奥古斯丁为开端的历史观点称为历史意识,那么中国确实与其相去甚远,所以我不知道能不能把相关问题称为历史意识。但是,无论如何,把不断孕育出中国式历史书的东西,姑且称为历史意识，并且去探索相关根据的哪怕一个侧面，正是我这一篇篇报告的目的。于是我把"中国人的历史形象"这一主题稍微改变了一下，改为"中国人的历史意识"。

但是，历史上的个别性和普遍性从昨天开始就已经成为问题，我想中国大概也仍然在思考这个问题。我在整理《史学论集》的时候认为，中国所谓的普遍，总而言之可以用"道"这个词来概括。所谓的"道"，是这个世界的存在根据，而且所谓的"道"，正如孔子的注释作品《易经·系辞》中所提到的，"一阴一阳之谓道"，由阴和阳这两种对立要素所组成。所以，最终应该以对立统一的方式去思考终极存在，无论如何也不应该将其固定化。

应该以不断变化的观点来看待普遍性的问题。而且，从连续性的角度来考虑，我认为这是一种从时间性的方面来把握世界本质的思考方式。"道"这个东西，本来就无法通过我们人类的识别能力来捕捉，它超出了语言所能描述的范围，虽然很难说清"道"究竟是什么，但是我觉得，在用"道"来表达世界存在根据的中国人的思想中，大概能找到与其相关的某些特性。"道"来自道路的形象，所以首先，它是由人类行走所创造的。但这并不是只靠一个人就能创造出来的，而且虽然也有兽道之类的东西，但也终究非其所指，所以这里的"道"是指人类走过之后，可以据其行走的东西。这里的人类也不是指单一的个人，而应该是任何人，也就是集体，可以沿其通过

的道路。人类社会开始运转、开始行走之后，就出现了
"道"，这一过程将永远持续下去。我觉得这并不是欧洲
所说的发展。也就是说，这里既有前进，又有停滞。人类
走在这里，时而停下脚步，时而曲折前进，有障碍物的话
也会试着折回，但终究会持续到永远，不断变化着持续到
永远，以这种特性去思考世界的动向，则世界也会这样处
于动态之中。

这就是之前所说的"一阴一阳"式的运动，它作为
矛盾统一体延续下去。我在之前的《史学论集》中认为，
这是一种或者说至少一种的辩证法结构，也就是说，中国
人以辩证法结构来把握世界。但是这里的"一阴一阳"，
指的是阴阳交替，与辩证法所谓的一边对立一边以高度紧
张的关系创造出新生事物的说法，略有不同。把对立事物
综合起来，创造出不同层次的新生事物，终究还是不一样
的。在中国，无法避免交替循环的特性。是否可以称之为
辩证法，关于这一点，我从之前开始就一直怀有些许疑
问。

因此，"道"这种世界本质，就像刚才所说的，无法
用语言来进行把握，无法进行直接认识。相反，为了对其
进行认识，需要走过这条路吗？对于表现之后所遗留的具
体个别现象的认识，我们只有通过捕捉个别现象认识，才
能直观认识隐藏在其深处的内涵。在中国，就有这样一种
认识论。

像这样只有通过个别现象才能抓住其内在本质，那么个别现象的价值就会变得非常之大。有了这种认识论，再加上世界本质的结构是"道"的动态的东西，那么也就正如"道"是人类行走所创造的那样，以大致的人类世界为中心进行描绘的话，对于世界的看法无论如何都会向历史视角倾斜，所谓历史精神到底还是植根于中国人的本质之中。不过，在前面研讨会上川原先生稍微提到，仅仅依靠这种存在论和认识论，是否可以构建历史？中国的存在论本身就是所谓的辩证法，这并不是欧洲所认为的辩证法，而更具有循环性，依靠这种辩证法，历史能否成立？关于这些问题，我没有信心做出解答，所以在这次的报告中，应该试着稍微变换一下角度。也就是说，"一阴一阳之谓道"这一观念的根基中，潜藏着非常虚无的时间观念。虽然一阴一阳进行着循环，但"道"本身，一旦走上去就很难返回，与其说很难不如说无法返回，走过的足迹无法再次抹去，在这种意义上是无法返回的，单向的时间观念存在于"道"的根基之处。

大体上，这种形而上学意义上的"道"的观念，并非出于原始儒家，而属于老庄道家，或许可以称作"虚无"，把这一观念按照非常虚无主义的时间观念、时间流动的形态来进行把握是否可行仍然是一个难题，但如果不能这样进行把握，那么在这种虚无的时间流动之中我们人类应该怎样去做，自然就成了一个问题。为了创造人类存在的证据而向"虚无"的时间赋予意义，只有这样我们才能创造生存、存在的证据。于是，真正的紧张关系，以与虚无的时间相对立的形态得以产生。我想这才是辩证法，正是出于这一点，历史被创造的根据才得以存在。然后再从这一过程中找到普遍价值并将其维持下去，这就是历史，而对这样的行为进行记述和书写，就形成了历史书。我把这些作为一种尝试写了下来，于是就有了今天的报告。

关于昨天开始存在的、欧洲的历史主义发展观念在中国是否存在这一问题，正如铃木（成高）先生在之前研讨会所明确提到的，根据将现在进行抽象的过去原有情况来看，完全意义上的历史主义在中国并不存在，这也是我的观点，但是发展的观念在中国是否决然不存在，关于这一点，我仍然不太清楚。

例如，章学诚可以称得上是对中国的长期传统进行最后总结的十八世纪历史学家、历史哲学家，不过根据章学诚的思想，所谓的"道"，如同黑格尔的绝对精神，以其自我展开形式的"事"来进行表现。并且，他认为在具体现实的"事"的背后，隐藏着绝对的东西。而且，这种绝对的"道"是无法直接进行把握的，只能集中到对于"事"的认识。也就是说，不能通过思辨去看待本质上绝对的东西，而应通过"事"，即具体事实、事件直观地去看。这与兰克的观点相近，章学诚似乎与黑格尔以及兰克具有相似之处。但是，如果对发展（Entwicklung。译者按：德语，意为"发展，成长"等）一词进行展开，如同展开卷纸那样进行释义，章学诚把本质绝对的"道"以车轮进行比方，随着车轮滚动所留下的车辙，就是众多历史事件。这与历史事件即为绝对精神展开所留下的痕迹的观点相近。所以，不得不认为，"道"的观点即通过对车辙的追踪，不断确认原车轮，至于该观点是否与发展的观点存在差别，我无法做出解答，如果可以的话，还请诸位多多赐教。

我明明是一个哲学外行，却提出了带有些许哲学意味的问题，我将在研讨中提出此次报告几乎没有涉及的另外一个关于文学与历史关系的问题。由于我对文学不甚了解，关于相关问题还请村松先生进行补充、赐教。

第二章

关于马伯乐的道教理解[*]

一

自1995年亨利·马伯乐教授的遗稿《道教》出版以来，已经过了十多年。关于这篇遗稿的结构和大体内容，本杂志在第八、第九号上已由霍尔曼先生做了介绍，在此我将不再加以赘述。不过，我还是执意要在这里阐述马伯乐教授对道教的理解，也不无缘由。

首先对我来说不可思议的是，在马伯乐的大名得到高度评价的同时，他对极难把握的道教进行了相当系统的理解，这一点在日本已经广为人知。我认为到目前为止，贯通东方与西方、如此清晰且系统地把握道教的无人出其右，而同时，对他的观点进行批判性吸收，或向

---

* 编注：本篇刊登于《东方宗教》第20号，1962年。

其发起挑战尝试以更合理的体系进行理解的现象，则几乎没有出现。

如果从"错综复杂"是道教本质的立场看，很多人认为马伯乐对道教的理解过于片面。然而，如果单纯以无媒介、杂乱无章的方式来呈现杂乱无章的内容，就会成为缺乏观察的记述，同时也无法使人理解。以理解为目的的抽象，当然是值得容许的操作，但如何整理杂乱无章的内容，如何揭发其隐藏的本质，仍然是相关难题。在这种情况下，我认为马伯乐进行整理、分析的方式如同一把锋利的手术刀，在进行有关研究的时候跟随他的剖析轨迹，即使在今天仍然有所裨益。因此在下文中，我将把马伯乐对道教的基本理解尽可能整理并呈现出来。

以下为马伯乐的道教专著：

I 《道教》（Le Taoïsme）（Mélanges posthumes, III. Pub. en 1950）

II Les procédés de "Nourrir le Principe Vital" dans la religion taoïste ancienne

（《亚洲学报》Journal Asiatique, tome 229, 1937. pp. 177-252, 353-430）

III Les Dieux taoïstes, comment on communique avec eux.（Comptes rendus de l'Académie des Inscriptions et Belles-Lettres, 1937. pp. 362-374）

IV 《中国宗教》（Les religions chinoises）（Mélanges posthumes, I. Pub. en 1950）

（以下引用上述文献，将以I、II、III、IV表示）

上述文献IV中当然也包括道教以外的其他宗教，但在了解中国宗教史上道教地位方面，这部作品是不容忽视的。除此之外，二十多年以来几乎每年都在法兰西公学院举办的道教相关演讲，在其年报上所进行的简要连载[1]，我并没有看到。但是，这些成果几乎都可以列入上述所列举的文献中。然而，马伯乐对道教的最终理解，几乎统统收录在《道教》中的第三篇文章《试论道教》中。这篇文章包含他被纳粹绑架之前所写的草稿、笔记、译文等内容片段，由德米埃维尔教授精心整理而成。这一整理工作，看起来或许延续了马伯乐于1940年所作演讲，即《道教》所收录的第一篇论文《六朝时期的道教》的结构框架，但如果马伯乐亲自进行整理，或许也无法对自身观点做出相比更加明确的阐述。比如下文所提到的，他对于《灵宝经》系思想的观点等方面，就可以看出这一点。从这种意义上来讲，我认为重新明确马伯乐对道教的基本理解仍然有所裨益。

但关于马伯乐本人，是无法通过其著作进行直接了解的。而我一味地阐述他的观点，大概其实也没有什么意义。于是，我找到了以最集中的方式概括了其观点的上述文献Ⅲ，即1937年11月19日演讲的内容，并进行了翻译，想听一听他本人的讲述。该文献阐述了其道教理解的一部分内容，本文截取了相关译文的适当篇幅，但其中仍然可以看到他的若干基本观点[2]。该文献在日本为数不多，幸好米歇尔·斯瓦米耶进行了收藏，使我得以进行借用并拍摄。在此向他致以由衷的谢意。

　　二

　　关于马伯乐对道教的理解，首先应该注意的是，他把重点放在了从后汉到六朝，特别是六朝时期的道教。他认为，六朝是道教最为繁盛的时代，从唐朝到现代，只不过是一个漫长的衰退过程。

　　而究其衰退原因，则是道士在道观中闭门不出，逐渐失去了对普通民众的影响力，一方面使道教成为专门针对道士的宗教，另一方面民众沦落到向单纯的巫师进行礼拜（文献Ⅰ第16页及文献Ⅳ第111页）。与这种道教衰退论相对的是，如金元之际全真教等所谓"新道家"的成立，以及道教不断吸收民间信仰的现象，是对"道教并未简单地失去对普通民众的影响"这一立场的反驳。不过，根据马伯乐的观点，他把我们所谓的六朝时代的"古道教"作为道教的中心，而把其后吸收了各种元素近世所谓的民间道教，与本来的道教所区分，以"近代民间宗教"概念进行了归纳。这一概念指的是以三教融合的形式在民众中所产生的宗教，已不能再作为道教来看待。该观点作为立场之一确实也可以成立，但我认为，马伯乐持有这种立场、对近世道教的繁多要素进行了割舍，正是其对道教持有清晰理解的一大原因。在这种情况下，我们还要注意，他所说的近世严格说来指的是明清时期（参见遗稿所附年代表），并且，道教团体堕落的其中一个原因，在于众神内在属性所具有的对安逸性的追求（文献III）。

因此，如果把"古道教"作为道教的核心，并对此进行重点研究，古代道教文献的年代决定无疑将成为研究的前提。关于这一点，霍尔曼先生已对马伯乐的处理方法做了比较详细的介绍，所以此处从略，但经过这样的文献学操作，以《大洞真经》为依据的一系列经典将首先浮出水面。据推测，这一观点来自坚守《大洞真经》传统的同一道教团体。除此之外，还有《灵宝经》系的作品，但这些作品并非与《大洞真经》系相互对立，而是处于既相互借鉴利用，又从根本上表达了不同思想的关系。该《灵宝经》的要点尚未得以把握，所以暂且搁置，转而进行《大洞真经》系道教的阐述，这是马伯乐至少于1936年左右的立场（文献I第80—81页以及第74页注③）。不过在此之后，他对于《灵宝经》系的观点似乎产生了新的见解，并载于上述论文之后（文献I第170—179页）。关于这一点我稍后进行说明。

因此，如果将六朝时代的道教视为中心，其中又把

《大洞真经》系统视为主要内容，我们应该如何对道教进行把握呢？马伯乐说，所谓道教，首先"将信徒引导到永生（长生不老）的目标上，是一种拯救个人的宗教"（文献I第16、第83页）。

那么在这里，这种长生不老的存在方式首先成为一个问题。对于西方人来说，灵魂和肉体、精神与物质是各自不同的实体，而精神在本质上是永生的，灵魂不减可以说已经得到了保证。因此，问题只是避开不幸的永生，得到幸福的永生。但中国人并不对精神和物质进行区分。世界上只有从虚无状态到具象化的物质，从无形且肉眼不可见的状态到有形并肉眼可见的状态，或方向相反，不间断地连续存在的唯一实体，这就是"气"。人是有魂魄的，三魂七魄众多灵魂处于同一个身体之中，死后这些魂魄将分散开来。因此，形成人类统一人格的并非这些灵魂。人格的统一指的是处于同一个身体这样的居所之中，而多数的灵魂则由神统辖。而且这里所谓的神，其实由外来的"气"，与各人身体内部的"精"——同样由"气"所组成——混合在一起结合而成，人死后，这种构成要素将分解并消失，是一种暂时的存在状态。因此，为了守护作为人的统一人格，应该维持作为神的居所的身体，不让精和气分离（文献I第17页、文献IV第61页等）。在这里，首先需要让身体自身永远维持下去。那么，怎样才能做到这一点呢？为了了解这一点，首先必须了解身体构造。

身体和万物一样由气组成。在开天辟地之初，九气从混沌中分离出来并形成世界的时候，清气上升形成了天和众神，浊气下降形成地，人类的身体也由浊气而来。但是，由于长时间沐浴在清气之中，所以被赋予了生命（《太上三天正法经》）。也就是说，人的身体是由粗糙不纯的浊气所组成。如果摄食普通的食物，则同样会为身体供应粗糙不纯的五味之气。这些气将养育三尸，使人的身体变得沉重。但是外气是轻盈且微妙的清气，使用这种清气滋养身体，也就是进行所谓的服气、食气，可以逐渐用清气取代构成身体的浊气。完成这一转换过程之后，身体就会得到永生。因此，服气之术在道教中具有极其重要的意义，而绝谷、服饵、导引等术可视为帮助服气的辅助手段。通过服气所吸收的清气，与通过房中术等进行了强化的精结合时，奇妙的不死之身的萌芽，即所谓的"玄胎"，就会出现于身体内部。把它扩大到全部身体的话，就会使其拥有永生不死的特性。

而金丹，则可以促进完成上述身体转换过程，以获得更加完整、不坏的身体，从而达到永生者即仙人的最高境界。但由于金丹成本高昂，且制作困难，所以在实践方面的重要性逐渐降低（文献II论文及文献I第98—116页）。以上是制造不死之身的外在实践，也就是所谓的养形或养性的术，如果只有这些，那么以上内容只能算是一种保健方法或一种医学体系，还无法称得上是宗教。但这种外在的养形之术，如果没有内在宗教生活的发展，也就是养神，就毫无用处。因为作为小宇宙的身体，与大宇宙相对应，居住着各种各样的神，而这些神时不时就想从身体里钻出来。而且据认为只要众神离开，死亡就会降临，所以有必要将它们留在体内。在这里，我们需要养神来进行与众神联系、见神的精神实践。

关于这些众神的特性及接近众神的方法等内容，将在后面所翻译的《道教众神》中进行描述，关于这些内容我们需要注意，道教非常重视积累善行，也就是践行伦理生活，并将其作为接近众神的前提条件。

包括忏悔告白在内的这种伦理生活，不仅仅针对专业道士，也涉及一般信徒即道民，是针对道教全体成员所做出要求的基本大前提。五斗米道、太平道的意义众所周知，像这种实践道德避免犯罪、纠正错误悔过自新、行善积德或悄悄行善毫不夸耀的伦理，对于我们来说就在身边，但在汉朝的中国，却是相当新鲜的事情。也就是说，与把人当作整个社会的齿轮的儒教不同，道教创造了真正意义上的个人道德，并使所有中国人都能够达成这一道德。儒教道德针对的是君子、士大夫，所以小人被排除在外，但道教的道德面向不分男女的所有人，任何人都可以进行实践。马伯乐指出，这既是道教人气高涨的原因，也是其在儒教士大夫之间迅速扩张的一大原因。（文献I第89页）。

像这样行善并进行绝谷、服气等内容的同时向神提

出请求，最终可以与自己体内的众神特别是作为主宰的
太一神（三一）进行冥合，使精神集中。这就是内观，
也叫存思或守一。道士们通常大致满足于这一阶段，但如
果进一步深入冥想，就会进入坐忘、出神（extase）的阶
段。

也就是说，从有意识进行的精神集中再进一步，就是
在无意识中与道进行冥合的阶段。在这一阶段"与天相同
的心不具有认识作用，与道相同的身体不具有形态"（参
照《西升经》，文献I第40页）。要达到这一境界，必须
付出以生命中的一切为代价的努力，决定性地放空心境、
割舍情感，完全摆脱俗世的影响，深入到自我与万物的根
基之处，即深入到道之中。

马伯乐将上述从外到内、从回心到内观再到坐忘，
逐级向更高阶段推进的各种经验，作为神秘主义经验来进
行把握。不过，这种高度的神秘主义体验在道教中并不多
见，就算最隐遁禁欲的道士也只进行到养形之术的程度
（文献I第41页），只有一些具有稀有精神的人被这种神
秘体验所吸引，马伯乐对此相当重视。例如，嵇康等被认
为具有这一类稀有的精神。

在六朝道教之中实际上几乎没得以实践的情况下，
对这种神秘体验，即以坐忘为目标的精神姑且予以承认，
是马伯乐的观点中不能对老庄道家思想和道教进行区分的
依据之一。

在这里，我谈一下马伯乐对道家的观点，他认为老子、庄子和列子并非公元前四至前三世纪左右道教的全部内容。他们在当时的道教中，是具有神秘主义、哲学倾向的一个分支，或者说只是一小部分团体。他们学识渊博，把宗教中那些庸俗的教条转变为哲学。他们的小团体虽然与同时代的其他道教领域有着密切关系，但应该假定其周围的团体脱离了道教的一般动向。而且从这一时代开始，追求长生不老已经在道家宗教中占据了中心地位。就算将追求长生不老作为第二要义的庄子，也从未忘记长生不老是圣人属性的其中之一。《逍遥游》中有"藐姑射之山，有神人居焉，肌肤若冰雪，淖约若处子。①不食五谷，②吸风饮露，③乘云气，御飞龙，而游乎四海之外，④其神凝，使物不疵疠而年谷熟"，其中具有与六朝时期道教相同的①绝谷、②服气、③冥想以及精神集中的诸术，"游乎四海之外"则与④忘我的导引方法相同（马伯乐认为原文中第③句的意思是向超越世俗世界的众神进行祈求从而进行降神，不过这种方法自庄子时代之后就不再出现。但《抱朴子》内篇卷十五"杂应"中的龙蹻等内容，或许可以看作这种方法）。也就是说，庄子和六朝之间虽然存在着很大的时代差距，但其理论和实践两方面的连续性都得到了认可（文献I第201—202页、第206页）。因此，马伯乐并不认为道家和道教之间存在断层。该观点并非单纯出于西方把道家和道教统称为"Taoism"。在西方，自夏凡纳开始，对两者进行区分向来是一种常识。然而，马伯乐却想打破这一基本常识。这种想法或许会存在问题，但是我们对待老庄向来只看高端思想，而针对道教只看低级迷信的态度，可以说确实是一个迫切需要重新研究的问题。

根据马伯乐的观点，这种六朝时期的道教也保留着追求神秘主义体验高级阶段的出神的传统。但实际上这种传统并没有引起六朝道士们的注意，反而成了最低层次、诱惑一般道民的奇妙法术，也就是所谓的宗教祭典，如涂炭斋等狂热的集体陶醉。

这里的问题关键并不在于此前讨论的针对专业道士的救济，而在于以全体信徒（道民）的救济为目标的道教宗教团体。道士进行自我救济，即努力获得永生，而道民则等待他人向其施以救济。

他们虽然不能专心于专业道术达成长生不老的状态，但虔诚积善赎罪、积极参加道教仪式的人，可以在冥界获得恩典，免于长夜之苦。哪怕是死者，只要其子孙后代适当举行祭典，如黄录斋等，就可以使其在冥界得到救赎。如此一来，救济就这样被置于所有人触手可及的地方。

由此可见，祭祀在宗教团体中极其重要。而且在祭典中，就像涂炭斋的典型场景，有一种强烈的宗教狂热氛围，不仅祭典的参与者，连旁观者也会被感染。马伯乐经常把这种带有宗教狂热的道教祭典与酒神巴克斯的秘仪进行对比。据推测，以这种形式成功进行了集体改宗，或许是黄巾军得以迅速发展的最大原因（文献I第156—157页）。

这种集体实践，即祭典的重要性，被认为在教义之上产生了一种新观点。即，支配整个世界的全能众神存在于信徒之外、信徒之上，从外界及更高层次来拯救信徒。这是一种与个人对内在神进行探索的观念完全不同的观点。

如此一来，全新众神的诞生，也就是以元始天尊为中心、作为神明的列位天尊的诞生原因，被认为就在这里。实际上，人们并不认为元始天尊存在于人的体内。这就是佛教所说的通过他人获取救济的观念，这里与佛教影响这一问题纠缠在一起，但马伯乐认为，这种观念其实是在更早时期自然形成的，其后才受到了佛教影响（文献I第172—179页）。他根据上述形式明确提出了最初的预测，即《灵宝经》系统的思想与《大洞真经》系统的思想存在差异。

以上，是我对马伯乐的基本道教理解所进行的简略整理归纳。最后，需要指出的是，他的理解的根基之处始终存在着西方世界宗教发展形态视角，以致经常将两者进行对比。而宗教史的出发点，无论东方西方，其实都是一致的。首先，存在着以农村仪式为基础的宗教社会团体。在西方表现为信仰古希腊众神，而在中国则是氏族祖先神或神社的祭祀。但随着这种社会团体的崩溃，从团体中所释放出来、旨在拯救个人的宗教开始兴起。地中海世界的古代东方宗教与基督教就是其中之一，中国的道教与佛教同样属于其中之一。在这种情况下，道教因其神秘主义倾向以及祭典属性，而与俄尔甫斯教形成对比。

就像包括俄尔甫斯教在内的东方宗教为基督教的发展做好准备一样，道教也为佛教铺平了道路。但在中国的佛教未能取得西方基督教那样的胜利，让位于三教合一的奇特混杂局面。在具有类似出发点的情况下，为何结局迥异，这大概就是对中国进行理解的一个根本问题，姑且可以说，马伯乐的道教理解，在以上所述他对于整体宗教史的理解中，占据了这种根本性问题的位置。

以上内容为笔者对马伯乐的道教基本理解所进行的提取。接下来，我们听一听马伯乐本人说过的话。

注

[1] 参见Journal Asiatique. tome 234. 1943—1945.pp.263—280。其中包括德米埃维尔教授关于马伯乐著作及演讲等内容的详细目录。

[2] 最重要的文献I，将于不久之后完成翻译并出版（编注：该著作为1966年由东海大学出版社出版的《道教——不死的探求》，其后于1978年收录于平凡社的东洋文库，对副标题进行删减之后出版发行）。

附

道教众神

——如何与之进行交感*

亨利·马伯乐　讲

川胜义雄　译

公元元年之后的一千年时间里，中国的主流宗教信仰一直在儒教、佛教、道教三大宗教之间轮转。在这相互竞争的三大宗教中，最不为人熟知的当数道教。无论中国人或是欧洲人，均为老子、庄子等道家哲学家的才华所折服，而针对同时期的道教，人们广泛认为该宗教之中正如古代先哲所说尽是腐化堕落之徒。然而，道教并非人们所想象的那样。公元元年前后，远古宗教已消失了几个世纪。而这一段时期，恰恰是针对宗教所关注的道德与形而上学问题拿出中国式解决方案的时期。在这一时期，各邦国人民开始共同关注这些哲学问题，鉴于远古宗教给出的答案已无法使人满足，个人宗教的出现开始凸显出了必要性。

_____

*　编注：本译稿，原本刊登于《东方宗教》21号，1963年。本书把平凡社东洋文库版的《道教》修改后附录的译文作为原文。只有注的部分刊登于《东方宗教》。

　　道教归根结底是救济的宗教。与佛教、伊斯兰教及基督教相似，道教同样指引它的信徒如何度过短暂的一生、抵达永恒的极乐世界。但是，道教徒们并没有把他们所追求的"长生不老"看作精神的残存。也就是说，他们并不认为在人死后非物质形式的灵魂将继承生前人格。道教所追求的长生不老，指我们每个人难逃生老病死的肉身通过适当的方法修炼成拥有金骨玉肌的不死之身，永远生存下去[1]。

　　这种追求长生不老的信仰，如果不对修行方式加以解释说明，就算广泛传播开来也无法为大众所接受。究其原因，就算最狂热的道教徒，其自身是否脱离了死亡规律很容易被大众所见证。根据一般解释，修得不死之身的道士，不受人世间普遍死亡规律的约束。他们的死亡只是表面现象。被埋葬之后，他们就通过普通的宝剑、手杖等物品，化身成为自己的形态，成为神仙得道升天[2]。

　　获得不死之身并非易事。这一过程涉及种类繁多的一系列修行，并且必须严格遵守接二连三越来越枯燥复杂的修行。其中最重要的修行与进食有关，即用"服气"（用气滋养身体）代替食用谷物，与此同时服用仙丹。道教认为，世界是由气组成的，这些气通过"结合""凝聚"等不同形式、不同程度的活动，进而逐渐形成物质。最初的"气"是相互混合在一起的，即所谓的"混沌"。"混沌"慢慢分离，形成了九种不同的气。众神及宇宙，几乎一同产生于混沌之中。这里所说的众神虽然出现得较早，却并没有参与天地的创造过程。"九天真王与元始天王出现于最初始的气产生之前。（当时）光尚未产生，混沌广无边界，空无一物。七千个世代过去之后，光明与黑暗开始分离，并产生九种气，每两种气之间相差九万九千九百九十年。清气上升，浊气下降，九天真王和元始天王自此由气自然产生，他们的形体由气结合而成。九种气通过不可言状的凝结方式，形成了九天，日月星辰自此开始发出光辉。"[3]

　　在这之后，各路神明自然产生。这些神明各自拥有宫殿，宫殿内配有神明的"事务所"和"办公室"，担任官职的神明及永生者（仙人）就在这里办公。通过解读中国的神话世界，我们可以看到对于中国人来说，没有比担任官职更幸福的事了。上述担任官职的神明，数量庞大。天界的第一层宫殿是紫微宫，紫微宫有五亿五千五百五十五万层，对应相同数目的"办公室"。每一间"办公室"内又有五亿五千五百五十五万名神官。这些神官统统由气自然产生，并且各自穿着蓝色的羽衣[4]。除此之外还有八十一层天[5]，诸多宫殿数不胜数，宫殿内的神明不计其数。不过神明的地位随天界排序依次下降，产生了地位较低神明的气，在精妙程度上也有所下降。

　　如上所述，众神和物质世界均由气所构成。但是根源的气，并不进行结合或凝聚，这些气在全世界中进行循环，为世界不断赋予生机。这种气，正是道士为了滋养身体所必须捕捉的气。世俗的人们食用五谷，每天向构成身体的材质提供更加粗糙的材质进行替换，而道士恰恰相反，他们用气滋养身体，摄入愈发清纯的材质。这一替换过程完成之后，道士的身体会变得轻盈，进而升天成为永生者。

之所以能够达成这种长生不老的状态，是因为服用了不会被破坏的元素，即由玉、金等材质炼成的仙丹。但首先最重要的是，必须防止灵魂和众神离开自己的身体。他们的离开将导致死亡。

这种体内的神明，数量极多。根据某道教经典著作中的相关记载，人体内的神明有三万六千个[6]。好在该著作没有列举全部神明，但其中记载了数百个神的容貌、身体、服饰，以及各自的名字[7]。人体所有部位，即头、躯干、四肢、身体内外各器官都有一个或多个神存在。双眼和双耳各自有神，而嘴里的舌头和牙齿、头上的头发中同样有神。大脑中有九座宫殿，地位从高到低、各式各样的神明遍布其中。人体内的众神之中，地位最高的是"太一"。他可以对这些超越性存在所固有的运作即意图进行调整，或如太一之名所示对其进行统一[8]。

但是体内的这些神明无一例外都是外界的神，即天、地、星辰、山河等众神。道教认为，人体和世界具有完全相同的构造。这就是大宇宙和小宇宙的概念，已经扩展到全世界。但对于道教来说，这不仅仅具有象征意义，而且是现实本身。

圆形的头部对应天空穹隆，长形的腿即四方形的大地。支撑天空的鹿裔山即头骨，附着在天空并循环转动的日月则分别对应左右双眼。静脉即河流，膀胱即大海，头发是星辰，咬牙则是电闪雷鸣[9]。而日、月、河、海、雷等所有神明都存在于人体之中。这样的神明是如何同时存在于世界及人体之中的呢？这一问题在道教之中似乎在后世才得以提出。那时的道教，为其众神借用了佛陀和菩萨所具有的"分身"之力。而古代的人们并未加以反思，而是心甘情愿地接受了这一点。众神自由往来，离开身体又再次返回，自外向内、自内向外派遣使者进行通信。这样的往来虽然写得很详细，但却没有人提出疑问，这种往来的意义到底是什么。

在眉间上方、额头内部，右有黄阙，左有绛台，它们是为了保护一寸空地（头盖骨内部九座宫殿的前庭）而设立的。九宫众神都在黄阙与绛台之间出入。守护着这个大门和平台的众神是（头盖骨内部的）九宫众神的属下，还有带来"上帝"命令的人，也就是说往来的玉童和"上帝"的马车，同样被允许出入。

但除此之外的任何事物，这两尊神灵均不准予通行。这就是规则。（一旦使者出现）心脏之神就会向双耳之神分配迎接使者的任务。此时双耳之神就会敲响磬钟，向九宫的神官们传达使者到达的消息，郑重通知做好（迎接的）准备。这里的磬钟就是人听到的耳鸣。之所以会听到耳鸣，是因为有使者自外部进入。这时必须用双手捂住耳朵，进行下面的祈祷。

绛宫（即心脏）中的赤子之神啊，
（头部的）房中的九位仙人啊，
如果这是神令，请让它进入。
如果是不祥之物，永远进行明察！
请用太一流动的火，毁灭一切灾祸！

祈祷结束后，用双手敲打耳孔。连续敲打七次，并重复两遍。如果这时感到面部发热，就是好的征兆。相反，如果额和颈部之间有寒意，那就是有邪气进入的象征。在这种情况下，必须马上躺下，闭上眼睛，心中默念太一，让太一神带着流火之铃，赶走潜藏的邪气。[10]

关于身体所有神明的首领太一神，有以下记载。关于道教如何想象他们的众神，在这里向各位进行展示。

（头部之内的）玄丹宫里有太一真君。他的容貌像一个刚出生的婴儿。他坐在玉帐里的金宝座上，穿着紫色刺绣绸缎制成的衣服。腰带上挂着流火之铃。流火之铃没有实体，而只是一道红光。摇动它，声音可以传到十万里之外[11]。

这样的众神虽然同时存在于身体内外，但他们既不支配世界，也不支配人体。在道教中，中国人一直认为世界完全是由自身自然而然进行支配的，众神与之没有关联的必要。有生之物，天生之地养之，四季有规律地重复，五行相得益彰周而复始，阴阳交替。万物本身就处于非常流畅的运行之中。

公元前三世纪庄子曾说过，如果有人执意进行干预，那么一切都不会顺利运行下去[12]。即使偶尔发生大规模灾害，也是因为人类犯下了罪过。人可以随心行善，也可以随心行恶。也就是说，我们可以随心所欲地顺应天意，也可以随心所欲地违背天意。在违背天意的情况下，这种反动就会反映在整个世界的秩序中，也就产生了大洪水、日食、月食、地震、火灾、河水泛滥等现象。因此，众神、圣人及仙人们，虽然有支配世界的力量，但仍然要听任世界自行运转，不能导致其运行机制紊乱。众神的职责与支配世界完全不同。他们从最高等级的神到最低等级的神，全部担任教化角色。至于他们教的内容，则是救济的方法。这里并非教义和信仰，而是使身体长生不老，有关生理学、医学、炼金术方面的法术。这是炼金术的各种方法，或是作为这些法术的准备阶段、使信徒可以习得相关法术的精神法术。

混沌因气的分离和凝结而解体的时候，自然产生的不仅仅是世界和众神，还有神圣的经书。圣典在最纯净的清气中产生，用一丈大小的文字书写而成。只有众神中最先诞生的元始天尊才能在道教经书的原文上自由飞行，进行纯粹的解读。

如果其他东西在这神圣的文字上不小心穿行而过，那么它的身体就会融化，构成其形体的气也将分解、蒸发并消失。元始天尊把这样的经书向最高等级的众神咏唱，由这些众神把相关内容用金字写在玉板上。高级众神又把这些内容向比自己地位低的众神说明，以此类推逐渐向下传递，如此一来各等级的众神和仙人们就获得了有关圣典和救济方法方面的知识[13]。但是，随着理解深奥秘义的能力的降低，这些知识也随着等级逐渐缩小。虽然众神有时会向人类传授这些知识，但他们会挑选那些最有功德的信徒，即值得名列永生者之籍（仙籍）的人。实际上，即使众神一举启示了所有的圣典与救济方法（姑且就算只包括人类智慧所能理解的范围），仅此而已仍然是不够的。究其原因，是因为只知道最好的方法是没用的，还要知道其使用方法。有一个著名的道士知道造金的方法，但没有遇到可以向他传授使用方法的老师，因而没有成功[14]。

在指向长生不老的宗教生涯的开端，信徒通过行善，使自己值得受到众神的教化。

根据四世纪炼金术士的观点，想要达成长生不老的状态，则必须行善一千二百年，就算已经达到了一千一百九十九年，哪怕只有一个恶行，那么至今所有善行将统统作废，只能重新开始[15]。道教的善行与其他宗教所说的善行不同。道教善行指的是向饥饿的人提供食物，向衣不遮体的人提供衣物，照顾病人，等等之类的行为。在四世纪的著作《紫阳真人内传》中，记载了一位名叫周义山的虚构仙人的生平，对其道教生涯相关时期有较好的描述。

"每个月的一号，他都到市场、街道、广场去，看到有穷人或挨饿的人，就脱衣服给他们。……有一年，陈留爆发了严重的旱灾和饥荒，一升米价格高达千钱。道路上到处挤满了忍饥挨饿的人。他散尽家财，帮助这些穷人脱离困境。而且是在他人不知情的情况下进行的。因此那些困境中的穷人甚至不知道这些施舍是由他提供的。"后来他因为某位仙人的出现而得到了回报。"黄泰当时住在陈留。他没有妻儿双亲，谁也不知道他是从哪里来的。他总是身穿打着补丁的衣服，卖旧鞋。周义山路过市场时看到了他，发现他的穿着有些不寻常。他自言自语道：'据说仙人的眼睛有四方形瞳孔。'然而，黄泰的眼睛正是如此。周义山喜出望外，从黄泰手中买了几次鞋。最终，黄泰登门拜访了周义山，并对他说道：'我听说你好道。所以才来见你。我是中岳的仙人，苏林……'于是，周义山向他请教了长生不老之术。"[16]在这种初步阶段，仙人

或众神会去寻找一无所知的信徒，并亲自与他们交涉，以
对其进行指导。

但是，当信徒向长生不老之道深入探索之后，就会明
白不能等待他们来寻找自己，自己应该主动去寻找神明。
有些人甚至到群山之中或"天上的宫殿"里去寻找神明。
这是多么漫长乏味且无益的方法！正因为神明就在自己
心中，所以才要去求神。上文提到的周义山，为寻找最高
神明"三一"而周游世界，他攀登高山，探寻洞穴，就这
样过了多年。最终，他找到了这几位神明，在神前跪拜行
礼。寒暄之后，他闭上眼睛，仔细观察自身内部。这时他
才发现在他的脑海中，从很久以前开始便已现实存在这三
尊伟大的神明。神明之一笑出声来："啊，真了不起！这
正是你必须进行实践的！"[17]

观察自己的身体内部，习惯凭思维在体内散步，以
至于与神明交涉，这些实际上是在进行冥想。这就是所谓
的"内观"。人住在幽静的地方，或坐或躺，必须闭上眼
睛。就这样经过一些修行之后，便可以看到身体内部，即
五脏、十二脉、所有器官、循环的血液，以及无处不在的
气等。用无异于日月的双眼，朝向自己身体内部，照亮黑
暗。如果这样还不够，就可以从天上摘下日月，让日月进
入身体进行照明[18]。

内观是道教中的冥想和忘我。它对于治病确实具有
效果，但不足以使人获得永生，持续对自己的肉体进行洞

察，会见身体内居住的神明，需要做好长期准备。因为在这一过程中，必须把所有外在成见从精神（中国人所说的"心"）清除。首先，要洗涤心灵使其免于不洁，净化心情使其免于不纯，纠正心念使其免于邪恶。如此纠正精神，养成冥想习惯，将免受外界侵扰，使精神得以稳固，避免自身的动摇。这时，为了获得内观，要彻底放空内心。

如果道士能更进一步，使精神本身的意识都没有的话，就可以达到最高境界，"道"就在他的内心之处。但是为了和众神建立关系，不必达到像中国人所说的"无心"境界，只要放空内心就足够了。放空内心则进入冥想。而且道士进行冥想时，他可以随心所欲地看到超越性的存在，但是必须小心谨慎。在内心不平静、思维混乱的情况下，看到的会是邪灵及其他有害无利的东西。只有当内心完全平静放空，且冥想时旧思想没有复苏、新想法也没有浮现的时候，才能看到神明。最初看到的会是低等级的神明。他们就像道士一样，在漫长而痛苦的永生之路上行走，这时可以给他们提供建议，向他们传授技艺。假以时日，将逐渐可以看到最高等级的神明。

信徒获得"内观"、直面神明的情况，必然是从在体内寻找内观开始的。第一，这是向神明保持尊重的做法。这并不是向神明寄去一封信就可以满足了的情况，而是特意去拜访神明，直到身体不适为止。第二，这比一般的祈祷要可靠得多。

　　因为如果信徒可以见到神，直接与神对话，那么他的愿望就一定可以切实传达给神明。这种方法对于能够将其付诸实践的人来说是非常简单的，所以经常被使用。见神这件事，并不仅仅是为了在修行的时候向神乞求建议和帮助，或得到新方法的相关启示。其实最简单的事情，也可以向众神讨教。比如在生病的情况下，可以请求神明驱逐致病的恶灵或恶力，而在没有生病的情况下也可以把神明留在体内，仅仅出于不让他们离开的目的去进行内观。道教的经书记载了拜访神明时与之对话的礼节。比如，居住在胸腔内心脏之上的"黄室"、穿着黄色衣服的神是身体中央部位最重要的神明之一，由他对"三魂"和"七魄"下达指令。为了确认这个神是否真的在这一部位，每天黄昏时闭上眼睛，通过内观来凝视这个神，重复咬牙七次之后，必须开始下面这一段祷告：

　　　　黄室中的真人啊，

　　　　身穿长衣黄精，

　　　　让调和且真实的气流，

　　　　到达我身体的各个角落！

　　　　呼唤我的"魂"，支配我的"魄"吧！

　　　　让我获得永生！

　　　　即使你不会忽左忽右，

　　　　噢，黄色的超越者，隐藏在我的体内吧！[19]

　　道教徒无论什么事都去拜访他们的众神，最终与众神
建立起极为亲密的关系。即使他们不用虔诚的祷词默念众
神，对于他们来说，众神已经没有什么神秘的了。如果道
教徒具备充足的知识储备，就会清楚地了解众神的名字、
出身以及住处等，甚至还知道如果众神来了兴致会去哪
里，而且知道他们穿着怎样的衣服或戴着怎样的帽子，这
些众神的权限是什么，以及从各个神明那里能够学到哪些
内容。道教徒到达众神之处后，对于任何话题，听取众神
的意见都不会感到有什么困难。他们太了解众神了，所以
不会持有过多的尊敬。他们知道，众神拥有强大的力量和
智慧，但仍然比较容易冷静下来。

　　比如下面这一段。一位老人摔倒的时候下巴脱臼了，
牙齿不分白天黑夜，无论睡觉还是醒着，都不停地喀喀作
响。但是咬牙的声音在身体上就像天上的雷鸣，雷是上帝
惩罚不规矩的神灵并将其消灭的武器，众神和神灵都很害
怕这种声音。于是这个老人体内的众神由于害怕牙齿发出
的雷鸣，不敢走出来。即使到了这个老人寿命的最后时期，
众神还是不敢从他的身体里走出来，以致他并没有死。
"司命"之神不断派遣使者命令众神走出来，但没有用。因
为使者们一来到这个老人身边，就在雷声前畏缩不前。很
多年过去了，接着又过了几百年，这个老人始终没有死。
于是他开始自认成了仙人。然而，他在一个冬天外出时，
由于受到寒冷的震惊，牙齿停止了作响。被雷声挡住的众

神，立刻趁机逃到了体外。于是这个老人当场死去[20]。

与众神过于亲密，确实是道教衰落的原因之一。首先，它否定了所有的智慧努力以及哲学议论，降低了道教的水准。

即使动用分辨智，竭尽全力想要解决各种各样的困难，又有什么用呢？那样纯粹是浪费时间。与之相比，更应该专注于生理学方法和精神修行。这些方法和修行，通过给人们带来进步，可以使其与最伟大的众神交谈，在人们了解棘手问题的解决方法的同时，向众神靠近。但是对于神的世界，也有人并不满足于这种全知的神明。特别是与神的亲近，使这些人逐渐脱离了道教，转向了佛教。对于他们来说，佛教可以为他们打开更广阔的天地。更有甚者，还转向了儒教。儒教在十二世纪的革新之后，向他们提供了远远更加哲学的世界形象。最近几个世纪以来，道教所说的神的世界在中国人自己看来也变得有些荒谬。尽管道教的一些观点在促成其形成的中国精神之中，至今仍占有重要地位，但今天我们可以说，这一宗教虽然现在还有道观和道士，但却几乎没有信徒。公元初的几个世纪，道教大师们出于与众神建立无媒介关系的强烈愿望，把人类世界与神明世界之间的屏障设置得过于脆弱。他们把人与众神之间的交涉设置得过于容易了，使众神过于接近人类。

附记

本稿来自上述Les Dieux taoïstes, comment on communique avec eux.（Comptes rendus de L'Académie des Inscriptions et Belles-Lettres, 1937）的演讲日文译稿。

注

原文是讲演的记录，因而完全没有作者的注解。但是由于有必要对马伯乐所依据的资料进行了解，所以在尽可能的查阅之后制作了这里的注释。纰漏之处，还望诸位指教。（川胜义雄）

[1]　《洞真太上素灵洞元大有妙经》（收录于《道藏》影印本第1026册，第46页表）中的《太真隐朝求仙上法》记载的原文中有"骨生玉髓，肉化金真"。另外《抱朴子》卷十一仙药篇中引用了《玉经》中的"服金者寿如金，服玉者寿如玉也"，也作为了这种观点的依据。

其后的文献，在《太平广记》卷三十一章全素相关章节中有："夫仙丹食之，则骨化为金。"

[2]　指"尸解"。

[3]《太上三日正法经》（收录于《道藏》第876册）中的相关内容。

九天真王与元始天王，俱生始炁之先，天光未朗……混沌太虚……七千余劫，玄景始分，九炁存焉，一炁相去九万九千九百九十岁，清炁高澄，浊混（《云笈七签》卷二所引作"气"）下布。九天真王、元始天王，禀自然之胤，置于九天之号（注：九天真王、元始天王始皆生于九气之中。气结而成形焉）。九炁玄凝，成于九天图也。日月星辰于是而明。

马斯佩罗认为该经书成书于四世纪前半叶（cf. Le Taoïsme, p. 79–80）。马斯佩罗曾将上述的"真王"翻译为Le Roi divin，但在本译文对原文进行了沿引。

另外，在该经书的上述原文中，还记载了各种神的诞生，"各置宫第，便有上清营卫之官"。

［4］ 《元始元量度人上品妙经四注》（收录于《道藏》第38册）卷二、第三页表中，南齐的严东做了下列注释：

其第一宫，名玄都元阳七宝紫微宫……其宫皆五五万五百五十五亿万重青阳之气……其中神仙官僚人众各有五亿五万乃至如上万重。皆结自然青元之气而为人也。衣则青羽飞衣。

［5］ 道教的天有很多种计数方法。甄鸾的笑道论（《广弘明集》卷九）第三十章中有："但说天有五重。或三千六千。或八十一天。或六十大梵。或三十六天。"

［6］ 《无上秘要》卷五（收录于《道藏》第768册）引用了《洞真三元品诫经》中的"凡人身中亦有三官六府一百二十关节三万六千神……"。

［7］ 参照同上"身神品"中所引用的经书、《云笈七签》卷一的"推诵黄庭内景经法"等。

［8］ 例如同上"身神品"中有"人中神字太一"就是其中

的一个例子。另外，关于脑中的九宫和身神，Le Taoïsme以及J.As.，1937年的论文中有详细记述。

[9] 释玄光的《辨惑论》的"一逆"中，"又其方术秽浊不清。乃扣齿为天鼓。咽唾为醴泉"（《弘明集》卷八），另外注[20]的故事也是相关例子。

[10] 上文所引用的《大有妙经》（《道藏》第1026册第十六叶以下）。

两眉间上，其里有黄阙紫户，绛台青房。共构立守寸之中，左右耳守寸。左面有绛台，右面有黄阙，其九宫真人出入，皆从黄阙、绛台中间为道。……守寸二大神，唯听九宫中真官，在九宫内者，出入耳目。上帝信命，及玉童灵真，往来诣帝轩。二大神听以进。其余非真，此二大神皆不听进以前也，此中黄太一法度也。于是赤子帝君，乃命两耳神娇女、云仪，使引进之，故人觉耳鸣者，外使入也。云仪时扣磬钟，以闻九宫，使知外人来入，令警备也。磬钟者，是令耳鸣之声音也。其闻之者，错手掩耳，而咒曰：赤子在宫，九真在房，请听神命，永察不祥，太一流火，以灭万殃。咒毕，以手拍耳门二七遍，毕，当觉面热，即佳候也。若觉头项颈间色色寒者，恶炁入也。当急卧，临目内存玄丹宫太一真君，以流火之铃焕而掷之，令恶炁即出身……。

马伯乐认为这部经书与上述《三天正法经》同时代出现（cf. Ibid）。

[11] 在上述《大有妙经》原文之前，"太一真君治玄丹之宫。太一真君貌如婴儿始生之状，坐在金床玉帐之中，着紫绣锦衣，

腰带流火之铃。流火之铃者，无质而赤光，动之声闻十万里"。

　　［12］　参照《庄子》在宥篇等。

　　［13］　以上记述是对《灵宝无量度人上品妙经》记载的概括。同时参考了《隋书·经籍志》。

　　［14］　以《抱朴子》卷二论仙篇"刘向父德治淮南王狱中所得。此书非为师授也。向本不解道术，偶偏见此书，便谓其意尽在纸上。是以作金不成耳"原文为基础。

　　［15］　《抱朴子》卷三对俗篇"欲天仙，立千二百善。若有一千一百九十九善，而忽复中行一恶，则尽失前善，乃当复更起善数耳"。

　　［16］　关于将该书（收录于《道藏》第152册）作为四世纪的书，请参照Le Taoïsme，p.78。原文"至月朔旦之日。辄游行市及闾阎陋巷之中，见贫乏饥饿之人，辄解衣与之。……是岁大旱，陈留大荒，斗米千钱，略多饥民。君乃倾财竭家，以济其困。阴而行之，人亦不知是君之慈施也。……又有黄泰者，寓在陈留，妇儿无有，单身只立，了无亲戚，人亦不知其所从来。常着故败皮袴角皮褶，怛卖芒履在陈留市中。君常潜行经过市中，见泰衣束殊弊。君每曾闻仙方说云：仙人目瞳子正方。而黄泰虽复外形带索，目方面光，密而奇之，中心犹喜还归。数使人买芒履。……黄泰遂诣君，君见迎而拜之。……泰曰：闻君好道……是以相诣。吾是中岳仙人苏林字子玄也……"。

　　［17］　同上"君既见之，乃再拜顿首。……君乃瞑目内视，良久果见洞房中有二大神。……黄老君笑而言：微乎深哉。子用意思

之精也"。

[18]　服日月法在《云笈七签》卷二十三中有比较集中的叙述。

[19]　《太上洞房内经注》（收录于《道藏》第59册）"时游七门，彻见黄宁"的注"黄宁，黄室神名也。在两乳中心上寸也。常以黄昏时，叩齿二七，祝曰：黄室中人，披服黄精，和真流气，周行我形，呼魂制魄，使我长生，左引右俱，黄灵隐身也"。

[20]　出自《真诰》卷十五的下列记载。

夜行常琢齿……煞鬼邪鬼常畏琢齿声，是故不得犯人也。……昔鲍助者，济北人也。都不学道，亦不知法术，年四十余，忽得面风气（《三洞珠囊》卷十引，面风作廻风），口目不正，风（据《三洞珠囊》补）炁入口，而两齿上下恒相切拍，甚有声响，如此昼夜不止，得寿年百二十七岁，后乃遇寒，过大冰，堕长寿河中死耳。北帝中间亦比遣煞鬼，及日游地狭使取之，而此数煞鬼终不敢近助。鬼官问其故，天煞答云：此人乃多方术，以制于我，常行叩齿鸣打天鼓，以警身中诸神，神不敢散，鬼气不得入，是以无有缘趣得煞之耳。以此论之，若助不行冰渡河，亦可出千岁寿不啻也。当是遇大寒冻，步行冰上，口噤不能复叩齿，是故鬼因溺著河中耳。患风病而齿自叩动者，犹尚辟死却煞鬼矣，何患道士真叩齿，鸣天鼓，具身神耶。

以上将马伯乐引用的原文和他的译文进行了对照，确实存在一些问题。

但现在只把他的译文尽量忠实地译成日语。译文中的（）是对原著进行的补充。

中国人的现世与超脱

——接纳佛教为中国风土[*]

一

　　一般认为中国人是现实的。他们以福、禄、寿为形式的孜孜追求，的确属于现世的享乐，他们在人世中渴望得到人生现实满足的愿望是极其强烈的，至少到民主主义革命时期之前是这样的，但这种愿望未必能在现实中实现。于是他们的愿望理所当然开始向在死后世界中实现的方向延伸。但即使在这种情况下，他们所追求的理想仍然在映射现实世界的幸福，他们的思想把重点放在了现实世界的生活中。这是自古以来中国民间宗教根基之处的显著特征之一。实际上，在今天中国人的聚居地，比如神户的关帝

---

[*]　编注：本篇刊登于《教化研究》50（1966年7月）。

庙等地，我们仍然可以看到上述的一面。

　　然而与此形成对比的是，中国人早在公元前四世纪就已经有了超脱生死的智慧。《庄子》中清晰地记载了这一点。

　　人生天地之间，若白驹之过隙，忽然而已。注然勃然，莫不出焉；油然寥然，莫不入焉。已化而生，又化而死。（知北游篇）

　　嗟乎！夫造物者……浸假而化予之左臂以为鸡，予因以求时夜；浸假而化予之右臂以为弹，予因以求鸮炙浸假而化予之尻以为轮，以神为马，予因以乘之，岂更驾哉！（大宗师篇）

　　这篇《大宗师》的原文是濒死的重病患者所说的话。这些话出自超脱生死之人口中，使人感受到豁达与震撼。这里所说的"造物者"，当然不是指基督教所说的唯一的神，而是所谓非人格第一原理的"道"，它不是某一种存在，而是一种能量，一种力量。生死的超脱，是通过与这种第一原理的"道"合一而获得的。名为卜梁倚的人，通过以下次序进行生死超脱。

　　参日而后能外天下；……七日而后能外物；……九日

而后能外生；已外生矣，而后能朝彻；朝彻，而后能见独
（即道）；见独，而后能无古今；无古今，而后能入于不
死不生。（大宗师篇）

也有学者认为，在这种达成"与道合一"的各个阶段
中，可以看到神秘主义者为了达成与神明神秘合一所遵循
的一般步骤。关于这一点暂且不论，但这种"与道合一"
的智慧，对其后中国文化的形成产生了深远影响。不仅仅
是在中国，在日本比如芭蕉的俳句中，我们也能看到这种
智慧的影响。甚至，佛教也在中国、日本发展表现出特有
的禅的豁达精神，我认为如果没有庄子谱系的中国超脱精
神，这一点是无法实现的。

上文所提到的中国人的浓厚现世执着精神，以及这种
豁达的超脱精神，为什么可以产生于同一种中国精神风土
之中呢？两种精神在其中是否存在共通之处呢？现在我列
举的两个方面，虽然可能时代相隔得有点过于遥远。一是
包括神户关帝庙在内的近代中国民间宗教，另一个或许可
以说是公元前四世纪的庄子。不过中国民间宗教的现世特
性绝非近代才得以形成。这种特性拥有极其古老的渊源，
至少可以追溯到公元二世纪的道教运动，即黄巾、五斗
米道的根基之处。那么，公元二世纪所形成的道教，是否
与公元前四世纪所达到的高度超脱精神即道家思想，完全
没有关系呢？五斗米道规定信徒进行《老子》五千文的诵

习。庄子既然也对《老子》的思想进行了展开，那么我们就应该认为庄子思想也产生于《老子》的一种精神风土。一直以来，人们普遍倾向于认为老庄是高度的哲学，而道教则是低俗的迷信。由于其间存在断层现象，因此人们至少普遍认为道教是道家的腐败堕落形态。而我的问题是，中国民间宗教的现世特性以及庄子超脱精神之间是否存在某种共同之处，这一问题或将导致我们针对道家与道教关系的上述一般观点产生疑问。

二

黄巾、五斗米的道教，确实通过治疗疾病，对民众最迫切、最现实的切身问题方面做出了回答。为此人们开始采用符水咒说这种迷信。另外，神总是盯着人的行为，疾病被看作出于罪过和恶行所遭受的惩罚，因此人们开始忏悔罪过祈求神灵保佑，同时向他人施以善举——特别是积极参与到公共事业之中，想要得到神明的认可就必须积累功德，这样的一系列教导可以说仍然没有脱离低俗迷信。但是在这种情况下，我们应该注意，接受这种教导的人群是包括男女老少在内"汗滴禾下土"的平民百姓，而声称"唯女子与小人难养也"的儒教伦理所冷落的女子和小人，恰恰包含在这些信徒之中，这种跨越了阶层的真正伦理，再加上以上述形态进行教导的积极面，或许应该得到我们的积极评价。但是这一点，并不是我们当前所面临的问题。应该注意的是，上文提到的功德并不只是单纯的行善积德，而是要求人们修炼长生不老之道。在诵习《老子》五千文中可以看到这一点，在那些处于率领教团立场的群体中尤为突出。

那么如何才能修得长生不老呢？在探讨这一问题之前，我们先来看一下这种所谓长生不老的存在方式。

对于西方人来说，灵魂和肉体、精神与物质是各自不同的实体，精神在本质上是永生的，灵魂不灭可以说已经得到了保证。但中国人并不对精神和物质进行区分。在中国人的意识里，世界上只有从虚无状态到具象化的物质，从无形且肉眼不可见的状态到有形并肉眼可见的状态，或者发生方向相反的转化过程，不间断地连续存在的唯一实体，这就是"气"。人是有魂魄的，而且像三魂七魄这样众多的灵魂处于同一个身体之中，死后这些魂魄将分散开来。因此，形成人类统一人格的并非这些灵魂。人格的统一指的是处于同一个身体这样的居所之中，多数的灵魂则由"神"所统辖。而且这里所谓的"神"，其实由外来的"气"，与个人身体内部的"精"——同样由"气"所组成——混合在一起结合而成，人死后，这种构成要素将分解并消失，是一种暂时的存在状态。因此，为了守护作为人的统一人格，应该维持作为神的居所的身体，不让精和气分离。在这里，首先需要让身体自身永远维持下去。那么，怎样才能做到这一点呢？为了做到这一点，则必须了解身体构造。

身体和万物一样由气组成。在开天辟地之初，世界处于混沌之中。混沌分离而产生世界的时候，清气上升形成了天和众神，浊气下降形成大地与人体。因此，众神也是被创造者而不是造物者。所谓的造物者是促使混沌进行分解的一种存在，可以将其当成一种力量。实际上，后来的朱子也是按照这种方向来思考宇宙论的（参照山田庆儿《朱子的宇宙论》，《东方学报》第37册，1966年）。但是，由于人体长时间沐浴在清气之中，摄入了清气因而被赋予了生命。也就是说，人的身体是由粗糙不纯的浊气所组成，但同时也包含着清气，这些清气以众神的形态寄宿在人体内部。天地神明在人体中也同时存在。如果众神离开了人的身体，人就会死去。人是小宇宙，而大宇宙也和人一样进行呼吸。

在这种身体构造的基础之上，人要想长生不老，首先必须去除身体的浊气，并吸入清气。谷物是由浊气构成的，所以不能对其进行摄食（即所谓的辟谷之术）；造成天地分化的外部气体为清气，所以应该用清气滋养身体（即所谓的服气之术）。其他养身的各种道术也无非出于这一原理，对服气的方法进行补充，使其更加完备。

接下来，则必须把寄宿在身体内部的众神保留在体内。究其原因，是因为众神一旦离开，人类就会死去。在这里，人与众神建立起关系，为了静观众神而进行冥想、集中精神。这就是内观，汉语又称之为"存思"或"守一"。道教的经书用极长的篇幅罗列了身体各部位神明的名字，对这些神明的各种细节，如衣服的颜色或携带物品等进行了详细记载，都是为见神所做出的指示。一般道士大多止步于这一修行阶段。但如果进行更加深入的冥想，就会进入出神的"坐忘"阶段。而且"坐忘"正是庄子所谓的超脱，"坐忘"这个词本身在《庄子》中就可以找到。在名为《西升经》的、相当古老的道教经书中，达到这一阶段的人被称为"圣人"，且被认为"与天地同心而无知，与道同身而无体"。

三

以上，是我针对在法国二十世纪前半叶的伟大的中国学学者亨利·马伯乐所著的《道教》中所看到的尖锐观点而做出的梳理，以指出最深远的庄子哲学，与最容易被视为低俗迷信的道教之间，在根基之处的关联性。在此基础上，我注意到，"气一元论"可以说存在于中国固有的世界观和人生观之中。所谓的"气"就像水蒸气，也可以说是一种物质，即能量。因此，在最根本的意义上来讲，"气一元论"是一种唯物主义。在天地形成并运行的过程中，由于"气"的作用，会自然而然地产生前进的方向，这就是"道"。当人们发现包含人类在内的世界构造，处于这样一种形态的时候，对于"伟哉造化！又将奚以汝为，将奚以汝适"，"以汝为鼠肝乎""以汝为虫臂乎"
（《庄子》大宗师篇）这种感悟的出现，也就可以理解
了。他们对这个世界，或者说推动这个世界进行运转的根
源的信赖，与其说是达观，不如说是一种积极的参与。针
对其后自印度传来的轮回转世观念所引发的恐惧乃至厌恶
情绪，他们对这种情绪反应进行嘲笑的深层之处，也使人
感受到一种磊落。

　　我并不觉得中国人精神的根基之处，隐藏着对这种现
实世界乃至今生今世的信赖和乐观。我认为，这与普通中
国人以现世幸福为追求目标，以及这种执着追求的极致程
度不无关系。当然，平民并没有通过"气一元论"的形式
来自觉地把握世界。但是对于中国人来说，即使不自觉，
也会潜在具有这种倾向。实际上，当这种意识被自觉化的
时候，它也会表现在正统儒家之中，而非表现为道家或道
教徒。作为近世儒家大宗的朱子，其自然学、宇宙论正是
在这种"气一元论"的基础上进行了宏大的构思。

道教与季节

——中国人的季节感*

作为教团的道教，虽然在公元二世纪末至四世纪中叶才得以形成，但它与中国自古以来的各种观念、生活习惯、风俗信仰联系在一起，它吸收了民间祭祀活动并对其进行了展开，这是无须赘言的。因此，在探讨道教与季节的问题时，我们的眼光不能局限于道教，还应扩大到中国文化中的季节或中国人的季节观念。

季节之间的差异性

季节观念，无非是对春夏秋冬时间推移进行把握的意识。古代中国人最初，把春夏秋冬的四季节奏，与作为其

---

*　编注：本篇刊登于Energy 8–3，1971年。

生活基础的农耕工作紧密把握在一起。

　　春天是农事开始的时节，也是男性到野外活动的时节。农民们举行的春季祭祀，是一种破除冬日里无法劳作的大地禁忌的仪式，它的意义在于祈求天地复苏，寄托着人们对生育和繁殖的希望。自昼夜相等的春分，经过白昼最长的夏至，鸟兽繁衍，草木繁茂，人们发起包括老幼在内的农事总动员。不久，人们再次度过昼夜相等的秋分，秋收结束后，丰年祭祀在各个村落中举行。人们怀着感激之情，举杯庆祝，举行盛大的宴会。至此，农事告一段落，大地重新封锁起来，这一时节是农事闲暇的开始，女性则迎来了劳动季节，开始纺纱织布、制作衣物，即男女在劳动中的角色进行了交替。

　　五斗米道——初期道教教团——自然对上述自古以来的农民祭祀活动加以了利用。据古文献（道安《二教论》）记载，"春秋二分，祭灶祀社（即土地神），冬夏二至，祀祠同俗，先受治录，兵符社契"。

　　这样的四季并不是同质时间的单纯连续，四季各自具有特殊内容，可以使人切实感受到不同季节之间其实具有异质性。异质时间，要求具有显示其各自特性的表征，使人们意识到各自具有其特有的主宰神。例如，孟春（春季开端，阴历一月）之神，从古就有"句芒"之称。树木萌发的嫩芽弯成钩形，露出芒角，其形状被认为象征着初春时节，故因此得名。这种以神作为象征的季节转变，特

别是年份之间的交替，就是异质时间之间的交接。为了顺
利度过这一交接之处，更准确地说，为了使崭新的季节乃
至年份可以更加丰饶，必须举行祛除过往季节乃至年份的
旧气象——或者说灾祸，郑重迎接新季节神明的仪式。除
灾的仪式被称为"傩"，年份交替时节将举行尤其隆重的
"大傩"仪式。至今流传在日本的追傩，就是这种仪式。
而在北京，立春前一天由府知事率领属下，到东直门外
（与春季相对应的方位）举行迎接孟春主宰神句芒神的仪
式，该仪式一直持续到二十世纪初。这些仪式并非道教所
固有的，而是中国自古以来就有的一般性仪式，通过这些
方面可以很好地看出中国人深层意识之中对季节进行把握
的观念。

阴阳观念与季节

四季变化的节奏，在古代与开展农事的节奏密切相
关，由于季节的变换关乎男女工作内容的交替，从而产生
了所谓的阴阳观念。寒冷、冰凉、黑暗、隐藏在内部的事
物、与女性相关的事物，以及安静的事物，代表阴；而光
明、温暖、火热、发散的事物、与男性有关的事物，以及
动态的事物，则意味着阳。二者无论在时间还是空间方
面，都各自包含着具有对比性的具体表现。这种阴和阳经
过抽象化，逐渐成为人们认识所有事物类型的基本观念。
阴阳不仅仅局限于概念，还被符号化，抽象到数字。阳的

符号是"—"，阴的符号是"－－"，通过这两个符号的组合，可以向万物赋予意义，进行说明。

从"—"开始的奇数都具有阳的性质，从"－－"开始的偶数则具有阴的性质。阳性奇数重叠的日子，即正月一日、三月三日、五月五日、七月七日、九月九日，自古以来就被认为是意义深远的日子，更不用说年份交替的元旦了。桃花节、端午节以及七夕，在日本也是人们非常熟悉的节日。但是，在古代三月的上巳，即三月第一个巳位的日子，人们会去河边或池塘边进行祓濯，依靠水清洗物体的灵力，祛除灾害，祈求丰收或子孙繁荣，后来三月三日就成了固定的节日。

至于端午节，似乎在很早以前开始，五月丙午日就被当作一个节日，意味着夏至。祛除夏至期间旱灾、水灾或疾病的仪式，均在这一天举行（小野胜年译《燕京岁时记》）。所有这些节日中，在今天几乎对日本没有影响的就是九月九日，即所谓的重阳节。但是，九是阳数之极，这一天是阳数重叠中最完整的一天。人们爬上小山，插茱萸，喝菊花酒，希望效仿天地长久。正如重阳节与秋天的景物密切相关，以上节日都与各个季节的象征性的景物联系在一起。也就是说，节日本身就具有象征季节及其景物的意义，这一点想必我们都有切身感受。

道教也把这些自古以来的节日当作自己的节日。正月一日是天腊日，五月五日是地腊日，七月七日是道德腊日，道教所谓的五腊之中，有三个与上述节日重合在一起。七月七日，也是三会斋日之一，被指定为神明调查人们善行及恶行的日子。在这些节日里，人们供奉供品、举行祭祀，为自己以及祖先祈福。我们可以认为，道教不仅没有否定中国自古以来的节日，恰恰相反，还为这些节日增添了新的意义，加强了节日的意义。

不过，使中国人的季节感变得敏锐的，应该是阴阳观念本身。"一阴一阳之谓道"，定义了形而上的道，即存在的真相，如果把它适用于季节的变迁，就可以把季节按照从阴到阳再到阴的逐渐变化形式来进行把握。春天是从阴到阳的季节，阳逐渐占据优势，到夏至为止，阳达到极点，这时，影子完全隐藏起来，但只是藏起来，并没有消失。作为阳极点的夏至过去之后，阴就开始抬头，然后逐渐扩大，达到阴阳平衡的完全协调，这就是秋分。秋分之后，阴的优势开始推进，直至冬至达到极限。作为阴极点的冬至过去之后，阳又重新抬头，走上了通往春天的道路。如果只从阴的优势中去观察阳的动向，在阳的优势中去感受阴的变化，才能把气候景物的具体微妙变化作为线索，那么理所当然会逐渐失去季节感。过了冬至，从小寒到大寒，之后再从立春到雨水，建立所谓二十四节气的季节划分，然后在这些节气中加入斋戒，最先重视这些内容的是被称为阴阳家的学派。该学派在汉代之后虽然逐渐衰退，但其划分季节的原则成了中国人季节观念的根本。

道教的作用

道教的特有节日，首先是上元节（正月十五）、中元节（七月十五日）以及下元节（十月十五日）"三元"日。自五斗米道以来，在道教中的天官、地官、水官等众神一直监视着所有人类的善行与恶行，即功过。上元节是由天官调查功过，计算每个人能得多少分，要扣多少分，然后把相应的福或者罪，分别赋予每个人的日子。中元节和下元节分别由地官和水官负责。因此，在这些日子里，人们要向神明供奉供品、举行祭祀，忏悔自己的罪行，同时向神祈愿，祈求功过计算方面的宽大处理。"三元"日中的中元节与佛教的盂兰盆节重合。关于阴历七月十五日的特殊意义，道教和佛教曾产生争议，但统一"三元"的无疑是道教。在今天的日本，只有其中的中元节被保留了下来。对于失去神的我们来说，中元节成了用来祈求代替了神明的上司与客户的宽恕，并以此而得福的节日季节。

关于祈求宽恕这一点，最彻底的是五腊中的最后一天，在北京，十二月二十三日是供奉灶神的节日。在这一天，灶神将升天去面见玉皇大帝，并报告家家户户在这一年中的善恶情况。以玉皇大帝为首的众神将在接下来的一周里，根据这份报告进行评定，决定针对每个人以及各家各户的奖惩。因此在十二月二十三日，人们使用各种各样的糖果来祭灶神。糖果可以粘住灶神的嘴，希望他无法向玉皇大帝报告恶事。

一周之后的除夕夜，子时左右（半夜十二点），灶神回到家家户户之中。在这个时候，天下所有众神与灶神一同降临。于是家家户户供奉起以灶神为首的所有神明的画像，并摆上供品迎接众神。这个节日结束之后，就意味着新的一年开始了。

而这里已经淡化了古代有关大傩的意识。在除夕夜，人们会在从庭院到门前的来往之处撒上芝麻，是借用芝麻的法力踩碎旧年恶鬼的躩岁习俗，关于这一习俗是否与道教密切相关仍然存疑。不过这一现象应该理解为，这是大傩旧意识的残留，已固定在了一般的习俗中。如果是这样的话，那么道教就不一定在上文所述中国人的异质时间观念——季节观念的维持方向上起到作用。

道教终归是"道"的宗教。"道"的属性在包含阴阳变化的同时，也具有本质上的连续性。因而，"道"，与具有交接之处的异质时间的连续，在性质上是不同的。不过我认为，道教与阴阳观念相结合，在捕捉季节细微变化的方向上，培养了中国人的季节感。

中国早期的异端运动

——以道教反体制运动为中心[*]

一、问题的所在

这里所谓的中国早期指的是唐代之前。而且，这里所讨论的是异端运动，而不是异端思想。具体来说，指的是与宗教联系在一起的反体制运动。但问题在于，我们能否称其为异端运动。那么，中国的异端究竟是什么？

"异端"一词本身，参照《论语》为政篇"子曰：'攻乎异端，斯害也已'"，这个词无疑产生于中国。但是，《论语》中的"异端"，"一般来说应理解为从一开始就不正确的学说。……然而，'异端'这个词只在《论

---

* 编注：本篇刊登于《异端运动的研究》，1974年，京都大学人文科学研究所刊。

语》的这一条中可以见到，在其他的书中无法找到进一步的使用案例来对其确切意义进行归纳。……从最严谨的态度来讲，我们并不知道这一条的本意"（吉川幸次郎《论语》上，第44页，朝日《中国古典选》）。后世确实会用"异端邪说"这一说法，从"圣人之道"的立场来描述不正确的学说乃至观点。但我们所使用的"异端"一词，作为与orthodoxy相对的heterodoxy的译语，反而以与中国不同的欧洲文明传统为背景。

即，违反正统天主教教条而被定罪，正如欧洲中世纪的异端审判、异端宣判的典型表现，是与宗教及信仰不可分割的概念，而且正统天主教教条的规定非常明确，因而异端的相关内容也相当清晰。然而，异端不仅限于脱离了教条的思想、信仰的范围，当这一类信仰发展成为救赎运动时，就会被明确认定为威胁以教皇为中心的教权体制的异端运动。

但是在中国，情况并没有那么明确。所谓的"圣人之道"得到了明确认识之后，正如韩愈所说，"觝排异端，攘斥佛老"（《进学解》），把佛教和道教抑或道家思想作为异端的观念，至少以"道学者"群体为中心扩散开来。由此产生的朱子学，成为体制上的，或者说成为一般知识分子的共同意识形态时，异端的观念也会在某种程度上明确起来。

著名思想家马克斯·韦伯在《儒教与道教》一书中，

将儒教视为正统，而将以道教为首的其他宗教视为异端。这说明对于欧洲人来说，从韩愈时代开始就明确意识到的异端观念，在某种程度上是通用的。但如果我们像韦伯一样，抛开时代的限制，贯穿整个中国历史，那么我们会发现对异端进行辨别，实际上非常复杂。

也就是说，如果要把道家思想以及道教全部归入异端的范畴，那么韦伯也必须设立各种各样的限定条件。

实际上，正如韦伯所说，作为异端的道教，其"基本范畴的'道'……在（儒教与道教）两个学派中，对于一般所有的中国思维而言，都是共通的"（木全德雄译，创文社版，第300页）。这里的"道"，据韩愈认为，自尧舜以来，从周公、孔子一直正确地传到了孟子，但"（孟）轲之死，不得其传焉"（《原道》），正因如此，韩愈提出，孟子之后绝迹了千余年的正确的"道统"应得以复兴。正如韩愈所说，直至他所处的八、九世纪之交，一般来讲，"老与佛之道"在思想界中占据优势地位。也就是说，支持体制的知识分子中大部分人更倾向于"老与佛之道"，至少决然未曾身处于将"圣人之道"作为正统，将老、佛视为异端的氛围中。

东汉帝国覆灭之后，迎来了六朝时代，这时出现了所谓的价值并存的时代，儒、佛、道三教三足鼎立，在当时的个体观念中和平共存的情况也并不少见[1]。而在这样的时代中，将儒教作为正统、把道教与佛教定性为异端这件事的本身，也就已经失去了意义，在包含了六朝隋唐在内的早期中国历史中，正统与异端的问题需要从更加宽松的立场来进行思考。

因此，我们在定性正统与异端之前，应该像前面所说的那样，从与宗教相关联的反体制运动程度的模糊定性出发，对具体实例进行探讨并对潜在于中国早期的、中国正统与异端的社会特性进行一定程度的清晰梳理，这也正是本文的目的。

不过，针对与宗教相关联的中国早期反体制运动，首先必须限定其所包含的内容。

自前三世纪末秦始皇建立了幅员辽阔的统一帝国以来，中国针对当时体制的抵抗运动也呈现出广泛扩展的特点。秦始皇死后的第二年（公元前209年），以陈胜、吴广发动的农民起义为契机，各地势力蜂拥而起，致使华北地区陷入混乱，最终导致秦汉交接。公元18年爆发的赤眉起义，又使整个华北地区陷入了混乱之中，最终推翻了王莽政权建立了东汉帝国。

在这些早期的大规模反体制运动中，宗教也以某种形式起到了支持作用。根据《史记·陈涉世家》中的记载，陈胜、吴广发动与他们一同被秦政府征用的九百人部队进行起义之前，吴广藏在宿营地附近丛林中的祠堂里，模仿狐狸的叫声喊道，"大楚兴，陈胜王"。显然使得祠堂中神明的神谕成了支持起义运动的因素之一。另外在赤眉起义中，人们对城阳景王祠的信仰同样起到了重大作用^[2]。

但是，以某一群体或特定区域为主的古代信仰，以及与此相联系的反体制运动，并非本文的研究对象。亨利·马伯乐所谓的"个人宗教"（une religion personnelle），即与群体相关的古代农民宗教，在其社会群体分解之后试图将不安的个人精神引向救赎的宗教^[3]，才是本文所要探讨的问题。

具体来讲，这一问题涉及与道教相结合的反体制运动，以及与后来传入中国的佛教相结合的反体制运动。将相关问题限定在这一层面的原因在于，到了这种针对个人的救济宗教阶段，宗教团体开始形成完整体系，宗教运动的意识也开始在运动参与者的观念中得到提高，至此，教会权力与世俗权力的关系，以及教权体制与自其中所脱离出的反体制运动的关系等问题，开始得以形成。也就是说，宗教运动在中世时期，才开始成为这种意义上的严肃问题。

那么，中国中世道教或佛教的反体制运动，从大的方面来看，具有怎样的特性？是哪种意义上的反体制呢？由于篇幅有限，本文将以道教规模最大的黄巾起义、五斗米运动，以及孙恩卢循起义为中心，此外规模较小的道教起义以及佛教相关问题将不进行深入探讨。因为我们所关注的重点，是对中国中世宗教反体制运动的性质和意义进行大致了解。

二、黄巾起义与五斗米道

出于以上时代背景的限定，我们首先应该进行考察的宗教运动是以太平道信仰为基础的黄巾起义，以及与太平道信仰内容相似的五斗米道运动。在这里，众所周知，具有民间宗教团体组织的道教开始得以形成，而且关于其相关信仰内容以及教团组织方面，也无须赘言，因此我们来概括一下这种性质的道教与体制之间的关系。

公元184年，在以黄河中下游地区为中心、覆盖了中国东部地区的辽阔土地上爆发了黄巾起义，这一起义运动以"苍天（即东汉帝国）已死，黄天当立"为口号，以推翻东汉帝国统治体制、建立属于自己的黄天世界为目标，是一场明确的反体制运动。自称"大贤良师"的黄巾运动领导人张角，其传教活动与组建教团组织的起始时间不详，但据称张角至公元184年的十余年时间里已经拥有了数十万信徒，或许他于公元二世纪六十年代末期开始开展活动。也就是说可以认为，公元169年第二次党锢事件导致知识分子阶层的政府批判运动遭到彻底镇压与粉碎的时期开始，以张角及其两个兄弟为中心的太平道在民间得以急速扩张。我曾经把这一知识分子阶层的政府批判运动——"清议徒"运动——与黄巾起义当作具有关联性的一系列事件，并曾写道，两者之间是"儒教与道教的关系，虽然表现形式有所不同，但其根基之处，都具有在相同的共同体乡邑社会迅速崩溃的现实中所构想出的共同基调"[4]。

也就是说，作为中产阶级的知识分子阶层为了抑制豪族的自我扩张、重建以儒教理念为基础的共同体而发起的运动在公元169年遭受了重创，其后的十多年时间里，成为豪族权力机构的东汉政府的重压则直接落在了中小农民阶层的肩上，导致中小农民阶层的加速没落与流亡，以致出现了大量的贫农。这些正是太平道得以迅速发展的社会条件。大量的贫农被剥夺了共同体生活而不得不进行独立生活，他们在寻求救济个人的宗教的同时，也不得不追求建立相同信徒之间新的团结，即新的共同体。

张角与他的两个兄弟以及弟子们，一起作为"黄天"之神的使者从事治疗疾病的工作。根据他们的教导，神经常照览每个人的行为，对于犯下罪过、恶行累累的人，神将给予惩罚。这种惩罚就是疾病。因此他们的治疗方法是，首先让病人对自己犯下的罪进行忏悔告白，接着让他们把护身符就着灵水喝下去，然后诵读祈求神明保佑的祷告。

如果病没有治好，则病人会被认为不够心诚，需要进行更加深刻的忏悔并努力悔改。前面说过，被剥夺了共同体生活陷入贫困的民众在当时急剧增加。生活贫困，外加持续的灾害与饥荒，加剧了民众对疾病的恐惧。他们对张角等人所提供的个人救济教导的依赖，也就成了必然趋势。张角的信徒在十多年的时间里激增到数十万规模，除了这种必然趋势，马伯乐认为[5]，另一方面原因或许是他们通过集体举行每改祭祀，使信徒的狂热亢奋状态在民间持续进行传播。

张角等人将信徒组织为由三十六个"方"（即主教区、军区）所组成的巨大教团组织。站在组织顶点的张角自称"大贤良师"，同时又称为天公将军，他的两个兄弟分别称为地公将军、人公将军。张角的弟子任"方"的首领，每一个"方"由一万名左右信徒组成，信徒将首领称为"师"，同时"方"也是将军的别称。也就是说，该教团组织其实就是军事组织。之后，他们在公平的"黄天神"面前彻底悔改，并最终将不知悔改的万恶之源矛头指向了东汉政府。

公元184年，即以六十年为周期的甲子年的二月，八州二十八郡的信徒们戴着象征"黄天"的黄色头巾一齐发动起义，东汉政府随即进行了镇压。另外，东汉政府在黄巾起义后的三月大赦连续镇压了将近20年的党人，彻底解除了"党锢"，但却颁布了"唯张角不赦"的诏书。这一举动对黄巾与知识分子之间关联的可能性，进行了彻底否定。就这样，东汉政府将张角势力从知识分子阶层中孤立出来，至当年冬天成功讨伐了张角主力军。但是，黄巾起义及其讨伐战争使华北地区陷入混乱局面，进一步激化了广大贫农的悲惨处境，成为迫使未加入太平道教团的一般民众参与叛乱的导火索。在接连发生的叛乱中，黄巾余党得以留存，即便到了公元192年，青州、徐州（山东、江苏北部）一带的黄巾军仍然坚持"汉行已尽，黄家当立"的口号，维持着强大势力。

而在此期间，东汉帝国土崩瓦解，曹操等地方军阀的集结者，在镇压黄巾起义期间得以赦免的知识分子的协助下，开始致力于秩序的恢复。公元192年年末，据认为拥有三十多万兵力、一百多万男女信众的青州、徐州黄巾军向曹操投降。

在当时，曹操的势力还很不稳定，所以黄巾军在曹操手下得到了宽大处理。黄巾军非但没有解体，反而被称为"青州兵"，成为曹操军事力量的巨大支柱。而这一群体理所当然维持了太平道的信仰。就像大渊忍尔先生总结的那样，"关于曹操受降青州黄巾军的问题，两者之间似乎达成了某种协议"，曹操自身为了利用"青州兵"的战斗力，或许不得不对黄巾理想国建设路线做出一定程度的让步。根据史书记载，公元220年曹操病逝，驻扎邺城根据地的"青州兵"听到曹操死讯之后，"以为天下将乱，皆鸣鼓擅去"（《三国志》臧霸传注引魏略）。对于黄巾军来说，这似乎说明他们对曹操充满期待。另外，同年正式建立魏国的魏文帝曹丕把年号定为黄初元年。"黄初"即黄色世界的开始，根据一般知识分子之中也流行的金木水火土五行相生学说，该年号意味着代替汉朝红色火德的土德世界即将拉开帷幕。虽然不一定与黄巾的"黄天"世界相关联，但"黄初"这一年号无疑满足了黄天思想[6]。

　　实际上，曹操、曹丕父子不仅仅只有"青州兵"。与太平道类似的五斗米道创建于汉中地区，维持了三十年左右，公元215年其首领张鲁降至曹操军门，受到了宾客之礼的款待。张鲁被曹操拜为镇南将军，获封阆中侯，他的儿子及高级干部也获封列侯。关于这种待遇，也有评论称"过矣"（《三国志》张鲁传注裴松之评）。所谓的五斗米道，毫无疑问他们一直坚守着所谓"新出正一盟威之道"的信仰，并拥有传教自由。在这里引用大渊先生的表述方式，则是"魏国并没有禁止其宗教活动，所以五斗米道有机会到太平道故地传道，或许与太平道融合之后开始向北方扩张"（上述论文第42页）。曾经针对东汉帝国的统治体制构成庞大反体制运动核心的宗教，推翻旧体制之后，在新的魏国体制下停止了反体制运动。也就是说，在这一时期所成立的民间道教，成了体制内的宗教，魏晋国家体制无非通过道教教团来对民众进行把控，并把这种宗教自治组织认定为对体制进行维持的补充。从曹操与"青州兵"以及张鲁的关系中可以看出，这一定是通过双方妥协来实现的。至于这种妥协如何得以实现，我们将在对五斗米道的情况进行思考时，做出进一步探讨。因为比起太平道，五斗米道更加明确地表达了其宗教的追求目标。

　　五斗米道这一名称，据说来源于在四川省鹤鸣山修行的张陵规定入道者须出五斗米。这一教派得到了其子张衡、其孙张鲁的传承，张鲁于192至193年期间从四川来到汉中，并建立了独立的宗教政权。这一政权组织无非就是教团组织，张鲁自称"师君"或"天师"，并将其领导下的这一宗教王国划分为若干个被称为"治"的主教区。道教文献中可以看到"二十四治"的描述，但这一数量来源于后世。"治头"即主教区领导者，被称为"大祭酒"，普通的"祭酒"相当于教区教会的祭司，处于"治头"的管辖之下。这样一来，"祭酒"就成为五斗米道的核心。他们是教区教会以及教民的管理负责人，是祭祀、祈祷的主持者，同时也是该教区的统治者。所谓的"祭酒"，原本是指中国古代在宴会上最先用神酒祭祀地神的长老，汉代则出现了细微差别，是在典礼仪式相关的同类官员中给予最资深长老的称号，同时又指代乡村共同体有关场合中的贤明长者以及在道德上应处于公正地位的职务。辅佐"祭酒"的职位还有"鬼吏""奸令"。

"鬼吏"是侍奉众神的官吏，"奸令"则具有惩治犯罪的意味，一般的入道者被称为"鬼卒"，但入道者通过积累修行与德行，可以担任上级职务。也就是说，这里的登记制度主要以宗教道德为基准来进行排序。

五斗米道的信仰与太平道相同——在照览的众神面前，对引发疾病的罪过进行忏悔告白并将悔改予以实践——并且对相关制度也进行了逐步完善。为了进行忏悔告白，设有作为特殊设施的"静室"，想必以拥有这种设施的教会为中心，佛教徒所说的"事起张鲁"的涂炭斋[7]

等集体悔改祭祀开始盛行起来。另外，向天、地、水三神忏悔罪过、发誓不再犯罪之后，再书写三封誓约文书，这种文书称作"三官手书"，在相关仪式中一封放在山上，一封埋在地下，还有一封沉入水里，最后再由祭酒集结信众诵读"《老子》五千文"。

神明用疾病的方式来对人类施以惩戒，对这些神明怀有敬畏之心，可以促使信徒遵守教义，并根据教义进行自制。"校以诚信，不听欺妄"，在免费住宿设施"义舍"中准备了米和肉，供来往行人自由使用，但由于使用量"若过多，鬼道辄病之"，所以须"量腹取足"等一系列规定，都以敬畏神明为背景，可以发挥信众的自觉性，得到较好的遵守。

参与修桥修路等公共服务可以立即获得赎罪功德的教义，与义舍制度相结合，增强了这一教团王国的自治功能。另外，再加上以宗教道德为依据进行排序的等级制度，使政教合一的全新共同体在某种程度上得以实现。根据史书记载[8]，这里实现了"民夷皆乐之"，"流移寄其地者，不敢不奉其道"的局面。

这样一来，五斗米道王国以对照览众神的信仰为依据，以救济个体信徒的宗教为中心，并以该宗教所要求的道德规范为基准建立了等级制度，使信众自发形成了全新的政教合一共同体。在社会生活方面，该宗教以建设这样的全新共同体为目标，并在一定程度上实现了这一点。不过，从《三国志》作者陈寿以及《典略》作者鱼豢的上述记载来看，那些支撑了世俗权力魏晋国家体制的知识分子对其持有轻蔑态度，认为这种宗教国家以及宗教自治组织是由"昏愚小人"所组成的，但同时可以认为他们对这种愚民统治予以了肯定。

当然，世俗国家不允许五斗米道教团形成独立国家。公元215年，曹操的军队解散了这一独立国家，将以张鲁一家为首的相关干部转移到了曹操根据地邺城，并从其下级组织切断了宗教自治组织的中枢。但是，张鲁在邺城的传教活动并没有受到禁止，留在汉中各地的信徒共同体也依然以祭酒为中心，保持了五斗米道的信仰。残存于各地的教团，在掌握当地居民的同时继续开展传教活动，最终由于汉中地区从刘备蜀汉政权的支配下步入西晋政府的统治之中，其相关活动出现衰退，与各地巫术混杂在一起活跃起来，落地生根。魏、蜀、晋等世俗国家并未对相关活动进行任何干涉。与其认为这些国家未使用国家权力进行有力干涉，不如说他们认为没有干涉的必要。恰恰相反的是，这些政权承认了道教教团的教化力在愚民级别的秩序形成方面所发挥的有效作用，并将其作为国家机能维持社会秩序的基层补充。

在魏晋国家理念中，从九品中正制度的制定精神来看，表现为乡论的共同体原理被当作国家社会的根基，并在西晋统一天下后直接颁布的户调式中成为基本特性的一个方面，关于这一点我曾经指出过[9]。

魏晋国家的一大课题，是重新建立自后汉末期以来迅速崩溃的旧乡邑共同体秩序，从而恢复社会秩序。以各地豪族为中心的地区集团，并非单纯通过豪族的经济实力和武力呈现私人统治形式，而是由于豪族作为贤者、有德者，被视为新乡村共同体在精神人格方面的核心，即所谓的"民望"。只要魏晋国家政权希望这种新乡村共同体自发形成，那么以各地祭酒为中心的道教教团，与以宗教道德为基础的等级制度结合所形成的地区居民新型共同体，就可以在民间基层方面对国家社会秩序的恢复进行补充。我认为，这也反映在西晋灭亡后，在可怕的无秩序状况下李雄于四川建立戉国的相关记载。

自公元304年李雄于成都称王，至公元333年为止的30年时间里，他统治了以四川为中心的地区，唐长孺先生与石泰安先生认为[10]，其统治方式中带有浓厚的与五斗米道相似的宗教色彩。

李雄全家原属于賨人氏族，而賨人自张鲁时代起，多信奉五斗米道。根据相关记载，"雄母罗氏死，雄信巫觋者之言，多有忌讳，至欲不葬"（《晋书》李雄载记）。忌讳埋葬来源于公元276年当地自称"天师"的陈瑞的教导，陈瑞的教团与五斗米道一样，都有"治""祭酒"等制度，与道教教团非常相似（《华阳国志》卷八·咸宁三年条）。李雄对"西山岩居穴处，求道养志"的范长生推崇备至，根据记载，"欲迎立为君而臣之，长生固辞……诸将固请雄即尊位，以永兴元年僭称成都王……范长生自西山乘素舆诣成都，雄迎之于门，执版延坐，拜丞相，尊曰范贤。长生劝雄称尊号，雄于是僭即帝位……加范长生为天地太师"（《晋书》李雄载记）。"长生"这一名字本身就与道教具有密切关联，又将其尊称为"贤"，授予"天地太师"具有国家象征的称号，说明李雄的成国与张鲁的五斗米道王国，在国家体制方面具有共通的特性。

实际上，《华阳国志》卷九以及《晋书》的相关记载列举了成国在体制方面的弱点："雄为国无威仪，官无禄秩，班序不别，君子小人服章不殊；行军无号令，用兵无部队……"但反过来讲，一般的世俗国家政权体制中很难看到的成员之间的平等和自发性，所以这些也就构成了成国的特点。虽然这些弱点在李雄死后导致成国出现破绽，但"简刑约法"的成国，"时海内大乱，而蜀独无事，故归之者相寻"，"由是夷夏安之"。另外根据史书记载，在"事少役稀"的成国，"百姓富贵，闾门不闭，无相侵盗"，是一个"路不拾遗"的理想国度。

与李雄成国有关的史书记载，与对张鲁王国的记载模式相同。当时五胡的活跃致使华北地区陷入混乱，并波及扬子江流域。而在李雄统治下具有道教色彩的成国，不仅社会秩序稳定，还取得了显著的成功，这对希望社会秩序稳定的普通知识分子来说是再好不过的，并通过相关记载将这一观点反映了出来。个人救济宗教作为古代社会崩溃后新社会秩序的形成核心发挥着巨大作用的认识，得到了普遍传播。关于这一点，在贯穿整个四世纪的百年时间里一直笼罩在政治混乱之中的华北地区，或许对此具有尤其强烈的认识。进入五世纪之后，众所周知，寇谦之所推动的道教教团改革与合并，对北魏帝国在华北地区的统治进行了完善。

笔者认为，在此基础上，为了维护社会秩序的稳定，作为个人宗教的道教不可或缺的认识，在道教人士以及像崔浩一样的知识分子之中已得到了普及，成为一般观点。太武帝与崔浩、寇谦之的结合，不单纯是道教对国家权力的屈服，也并非仅仅出于道教的王法化、贵族化，从根本上来讲，而是出于建立新兴社会秩序的时代要求。

这样一来，以太平道和五斗米道信仰为开端的道教运动，最初以明确针对汉帝国体制为出发点发起反体制运动，而将其推倒之后，便开始向着成为全新社会体制核心的方向，或者至少对全新社会体制进行补充的方向转变。如果与欧洲世界进行比较，那么我们可以将其比作在古罗马被作为异端宗教的基督教，随着罗马的解体，基督教便成为新兴的中世社会体制的形成核心。只不过，基督教所起到的作用要比道教更具有决定性，但可以肯定的是，道教所起到的作用在其特性方面与基督教具有共同要素。综上所述，道教乃至道教教团本身就是为中世以后的中国社会体制开辟了道路的要素之一，不仅不应将其视为异端，反而应该把它作为造就了新兴体制的正统因素之一来看待。

接下来，是另一场道教大规模反体制运动——孙恩卢循起义，这一场起义运动又具有怎样的特性呢？

三、孙恩卢循起义

孙恩卢循起义，与主要集中在华北地区的黄巾以及五斗米道运动相对，发生在华中至华南地区。这场起义历时之久、规模之大，完全可以与黄巾以及五斗米道相匹敌。孙恩于公元399年10月发动起义，至公元411年6月卢循被追赶至龙编（河内市东南方向18公里处）投海自尽，这场起义足足持续了十三年。孙恩的叔父孙泰早在公元398年12月就在首都建康以东的京口发动起义，其后被东晋政府杀害，算上这一段时期，就足有十四年。在此期间，东晋首都建康曾先后于401年和410年，两次被逼入绝境。

孙恩家世据说"世奉五斗米道"，根据《晋书》孙恩传的记载，钱唐杜子恭与孙泰、孙恩为师徒关系，孙泰、孙恩以及后来由孙恩的妹夫卢循继承的起义集团，原本由五斗米道相关的道教信仰集结而成。但张鲁的五斗米道王国解体后，各地教团开始各自与地方巫术发生关联，产生了各种各样的形式。四川省从陈瑞到李雄的成国就是其中之一，杜炅（灵），字子恭，他所建立的钱唐杜治

（杜氏教会）以及与其关联的孙恩集团也是其中之一。不过，据陈寅恪先生考证，太平道也好，五斗米道也好，以及后来的天师道，道教信仰大致涉及从齐鲁（山东省）至三吴会稽的滨海地区，这一带地区正是道教信仰的中心地带[11]。另外，宫川尚志先生也表示，杜子恭是"正统天师道的治头（祭酒）……与其认为杜子恭与天师道徒之间通过巫祝道来进行协调，不如说产生了背道而驰的一面"[12]。杜治教团对正统天师道进行了扩张，其相关信仰在宫中相关人员以及贵族阶层中也有相当广泛的传播，但在杜子恭的弟子孙泰方面，"杜子恭传授了起源于巫祝的秘术以及小法术"（宫川上述论文第22页）。虽然孙泰、孙恩的教法细节不得而知，但这与正统天师道多少有些不同。

例如，根据释玄光的《辨惑论》（《弘明集》收录于卷八），与"子鲁（即张鲁）复称鬼道"相对的是，"孙恩复称紫道"。而这里的紫道，与"太平之道以及五斗米道"一样，"此作贼时假威名也"。如果将紫道与五斗米道进行区分，还是有所区别的，而且关于他们各自所佩戴的护符，具有"张角黄符，子鲁是戴绛，卢悚紫标，孙恩孤虚"的区别。另外，孙恩集团比较特殊的现象是对"水仙"的信仰，在以仙人的形态追求永生的一般道教信仰中，他们与水特别密切，这一点非常特殊。关于这一点，使用"祝水"即符水替人治病的李家道，在三国时代吴国时期或者更早时期的江南地区就有相当广泛的传播，这或许是以江南地区所流传的把伍子胥当作水仙的信仰为背景[13]，并将其发展到极致的一种表现。总而言之，孙泰、孙恩对作为正统五斗米教团的"稳健的杜明师教团进行了分裂"，是"同一教团中正统与异端"的关系（宫川上述论文第25页），也就是关于正统教会中的派别关系。

孙恩的这一派别，纪律十分严明。公元398年，孙泰起义被立即镇压之后，孙恩逃到郁洲岛[14]，之后得到了相信孙泰登仙的民众的支持，并利用了东晋政府奴隶制征召令所造成的江南社会动荡，于杭州湾南岸登陆，血祭五斗米道信徒地方长官王凝之，这或许是明确发起反政府运动的时候，临战体制下的必然规律。以吴郡、会稽郡为首的江南八郡，响应孙恩"一时俱起"时，孙恩"号其党曰'长生人'，宣语令诛杀异己，有不同者戮及婴孩，由是死者十七八"（《晋书》孙恩传）。正如宫川先生所说，"自己接受神谕，并以此使部下绝对服从"（上述论文第11页）。但是，孙恩派别的团结统一方面，并非仅仅通过"神谕"来施加自上而下的强制力，还包括接受神谕的信徒之间牢固的团结意识。

对于信徒之间共同体意识的产生，不容忽视的是其派别中所进行的名为"合气"的祭祀。佛教徒玄光认为，这种祭祀来源于张鲁的五斗米教团，"后至孙恩侠荡滋甚，士女溷漫不异禽兽"。除此之外，在《辨惑论》的其他内容中可以看到，"又道男官女官道父道母神君种民。此是合气之后赠物名也"[15]，一般来说，"合气"这种集体仪式似乎带有一种入教仪式的意味。

这样一来，他们肯定得到了脱离世俗秩序、进入只属于信徒的神圣世界的证据。石泰安先生曾尖锐地指出，把这种仪式作为一种狂欢来进行评价是不正确的，这种仪式实际上是一种严酷的磨炼，与严格的道德标准并不冲突，在共同体平等意识的同时，其中也存在着通过个人功绩来获得等级制度优先权的观念。（石泰安上述论文第72—73页）。孙恩派别中的仪式如果像玄光说的那样，"滋甚"地举行，那么对于入教者来说就不只是一种入教仪式，而且是一种对信徒的共同体意识进行变更与确认，并使其高涨的仪式。另外，由于信徒深信可以"解罪消灾"，这种仪式无疑可以推动信徒进入一种集体狂热的状态。关于孙泰方面，根据《晋书》孙恩传记载，"愚者敬之如神，皆竭财产，进子女，以祈福庆"，或许在暗示，孙泰当时的"合气"仪式已经开始盛大举行。"合气"或许可以切断世俗世界，创造一种只属于信徒的另一个世界，并使信徒越来越狂热。最终，江南八郡的起义者纷纷起义的两个月后，在东晋政府的驱赶之下于会稽进行撤退集结，当时甚至出现了这样一种狂热状态：信仰水仙的母亲们把婴儿的手脚绑起来并把婴儿装进袋子里丢入水中，并说道，"贺汝先登仙堂，我寻后就汝"。

　　如上所述，孙恩的派别是从正统的五斗米教团中分离出来的、推动反体制运动的激进派。这一派别之所以得到江南八郡的广泛响应，比起宗教原因，更重要的是当时的政治社会原因。在他们的起义运动中，东晋第一贵族琅邪王氏家族中，著名书法家王羲之的儿子王凝之，虽然同样身为五斗米道信徒，但仍然首先被起义运动血祭。除此之外，陈郡的谢家、会稽的孔家同样也遭受了沉重的打击。由此可见，搭建起东晋政府体制的北来贵族以及与之相结合的江南一流贵族，均成了他们的打击对象。与此相对的是，吴兴郡武康的沈氏家族等，作为江南本地大豪族早已声名远扬，但在东晋时代，却受到了北来贵族和与之相关联的部分江南贵族的打压，作为乡村武装力量而存在。因此在这样的沈氏中，既有东晋政府的支持，同时也有像沈穆子一家那样的孙恩"预乱"成分（《宋书》自序）。

　　也就是说在江南本地豪族中，针对以北来贵族为中心的东晋统治体制不满情绪的郁积，就是其中一部分江南豪族参与孙恩反体制运动的原因。不仅限于部分江南豪族，当时的情况同样也造成了广大江南农民的普遍不满进而参与起义。

　　最初，江南地区自公元三世纪三国吴国时代以来，一直远远落后于华北地区，并持续与华北相抗衡。江南社会的落后，归根结底在于小农发展速度总体落后于华北地区，在这种情况下虽然江南豪族的势力在不断扩大，但联结这些势力的一般力量仍处于不成熟的阶段。笔者曾经指出，公元四世纪初从华北流亡到江南的北来贵族，在没有任何原有基础的情况下却得以在江南确立霸权，其原因就在于江南社会的这种落后性[16]。但是，四世纪的近百年来，尽管东晋政权针对南人具有各种各样的差别对待，但江南地区的生产能力得到了大幅提高。四世纪末孙恩起义时期，江南地区"时东土殷实"（《晋书》孙恩传），尤其是扬子江下游三角洲一带地区的富饶程度，足以使追讨起义的贫穷士兵为之震惊。

在这种情况下，普通农民得到发展，且以其作为基础的土豪阶层的势力不断扩大，使得他们针对东晋政权的不满情绪和抵抗意识愈发强烈。然而在这种针对体制的不满和反抗意识的传播和积累中，东晋政府却针对免除奴隶身份成为佃客的群体征兵，使得"东土嚣然"，导致了起义规模的扩大。

不过，对东晋统治体制的不满不仅仅存在于江南土族之中。孙恩与西晋时期侍奉赵王司马伦的"小吏"孙秀是同族，虽然本来是琅邪人，但却是逃到江南的逃亡者后裔。由此可以看出，在贯穿四世纪贵族统治的体制下，身份社会被予以固定化，北方出身的中低阶层同样怨声载道。而且，这本来就不仅仅是身份层次较低的北方出身者的问题。即使原本在华北属于较高阶层，东晋贵族体制确立之后自华北南下，也必然会遭到既有体制的排斥。卢循娶了孙恩的妹妹，并在孙恩死后继承了教团领导地位，他是华北名门卢氏后人，关于这一点，宫川尚志在他的相关论述中进行了详细的考证[17]。

也就是说，从孙泰延续到孙恩、卢循的派别所发起的反体制运动，在江南八郡得到广泛响应的原因在于，无论当时江南原住民还是北方出身者，都对贵族体制普遍怀有不满情绪。而且，在这种社会背景下，孙泰、孙恩等人已经脱离了对贵族体制起到补充作用的正统五斗米教团，才得以投身于异端运动之中。

在南方人和北方出身者广泛的不满情绪中，公元399年10月，孙恩的反体制运动一举扩展到江南三角洲地带，但由于受到体制内军队强有力的镇压，两个月之后便退到杭州湾，再次逃回海岛上。不过，公元400年至401年，他们在浙江省北部及江苏省东部多次登陆，对东晋政府造成了持续打击。尤其公元401年6月，"战士十万，楼船千余"的孙恩水军沿扬子江而上，与东晋的主力军团北府兵在浙江、江苏沿海警备区发生冲突，侵袭北府军团根据地京口，攻陷了对岸的广陵（今天的扬州），对东晋都城建康造成了极大的震撼。北府中坚将领刘裕匆忙率军折回，在危急之时攻破了孙恩水军。刘裕乘胜追击，对孙恩根据地郁洲发起进攻，致使孙恩势力逐渐衰弱。公元402年3月，走投无路的孙恩于浙江省南部沿海地区投海自尽。之后孙恩被奉为"水仙"。至此，孙恩卢循起义的第一阶段告一段落。

在第一阶段中，从社会角度来看，孙恩起义确实引爆了包含南北出身的广泛社会阶层的不满情绪，动摇了贵族统治体制，最终在镇压起义的体制内部引发了相当大的变动。军方在体制内部的比重得以增加，特别是以刘裕为典型代表、本来身份较低的军人阶层，其地位开始得到提高。之后，刘裕建立了可以称之为军事政权的刘宋政权，并使贵族统治体制得以转变[18]。这里需要注意的是，在事态向这一方向进行发展的过程中，与正统道教教会更加相近的一个教派，或许发挥了一定作用。这就是在这一时期兴起于江南地区的道教经书《洞渊神咒经》。该经书对"真君出世"予以厚望，并认为与汉朝刘氏一脉相承的刘姓将军，将建立刘宋王朝[19]。针对孙恩起义的讨伐战争致使江南三角洲地区蒙受了战乱之苦，庶民出身的刘裕在镇压起义中以军规严明而名声在外。公元404年，刘裕消灭桓玄，获得了东晋军队掌控权，公元409年，对《洞渊神咒经》中的"六夷"之一南燕进行讨伐，至此，以江南为中心的新秩序开始得以恢复。

随着这种局势的发展，曾经支持孙恩卢循起义的民众阶层的不满，开始转变为对新秩序建立者的期待。《洞渊神咒经》就是在这种氛围中产生的，并似乎对这种转变起到了促进作用。而且，刘裕开始实行所谓的"义熙土断"，并开始解放兵户，这些措施在消除被压迫阶层不满情绪方面颇有成效。

虽然以三角洲为中心的江南地区开始向这种方向发展，但孙恩死后，其教派仍然在持续进行活动。卢循纠集数千余党，于福建省沿海南下，以广东一带为根据地开始发展势力。公元410年，卢循率领水军从江西、湖南两个方向，大举进攻建康。当时刘裕率领的北府军正在讨伐南燕国，使都城出现了可乘之机。歼灭南燕之后刘裕迅速撤回，击破了逼近建康的强大水军，才将建康从危机之中解救出来。卢循起义从这次战败之后，开始迅速进入尾声。由于卢循的广东根据地后来被刘裕控制，便南下逃到越南北部。公元411年，卢循于河内市东南方向海域投海自尽，十余年的起义运动就此结束。

从公元402年3月孙恩死后、卢循所领导的起义运动第二阶段来看，其特点是卢循教团以孙恩"残党"为核心，同时其群众基础脱离了以江南核心地带扬子江下游三角洲地区民众，转移到了未开发地区或落后地区的民众。卢循从沿海地区到南下攻占广州大约需要两年时间，而这一过程中，今天的福建省在当时几乎是尚未得以开发的地区。从公元404年到公元410年北上的几年时间里，以广州为中心的教线必然得到了扩大。这一地区有很多原住少数民族，这一点从盘踞始兴一带的徐道覆的指挥下有很多溪族人就可以看出来。在桓玄篡权的东晋政界混乱时期，以广州为中心独立的卢循王国的相关情况虽然缺乏史料记载，但似乎在某种程度上与张鲁的五斗米道王国以及李雄的成国相似。其势力至少也是汉族与少数民族混合在一起的宗教王国，少数民族的支持在其中起到了很大的作用。

与卢循进行合作的溪族以及俚僚的相关情况，宫川尚志先生已做出过描述（注［17］，《补考》第542—543页），而且冯君实先生指出，《太平寰宇记》卷一〇二中有"泉郎即州之夷户亦曰游艇子，即卢循之馀"的史料记载[20]。根据相关记载，卢循失败之后，"遗种逃叛散居山海，至今种类尚繁……其居止常在船上，兼庐海畔，随时移徙，不常厥所。船头尾尖高，当中平阔，冲波逆浪，都无畏惧，名曰了鸟船"。

这些生活在水上的群体，其实从一开始就是孙恩与卢循的支持基础。这一点，与他们拥有强大的水军也存在密切关联。

孙恩的根据地是郁洲等海岛地区，他经常从这里出发侵扰扬子江三角洲一带，尤其像前文所述，公元401年率领"楼船千余"攻打到了临近都城的京口、广陵等地。卢循和徐道覆的军队于公元410年自广东省北上、从赣江和湘江两个方向攻下了扬子江时率领的水军，则"芙蓉舰千余"（《初学记》卷二十五引《三十国春秋》），其中还有"起四层，高十二丈"被称作"八艚舰"的巨型战舰（《宋书》武帝纪）。冯君实先生引用了左思《吴都赋》中的"榷工楫师，选自闽禺"来进行说明（注［20］第

63页），闽禺也就是从福建到广东一带，该地区自古就有很多优秀的水手，或许造船技术也随着驾船技术达到了较高水平。然而更值得注意的是，《吴都赋》李善注中提到"闽越名也"，班固《两越传》中也有"悠悠外宇，闽越东瓯"，"其彼地人便水"。"闽禺"原本是远离汉族支配的越族聚居地，越族自古以来就惯于驾驶船只。

公元三世纪三国的吴国时代，这里也由山越民族占据优势地位[21]，即使到了我们所讨论的四世纪末，这种情况也仍在持续。也就是说，越族很有可能为了支持孙恩的教团和水军，很早就已经与之进行了合作，并支持了卢循的南下与传教。而且，徐道覆在南康山砍伐木材为造船北伐做准备时，得到了附近溪族的协助，这支强大的北伐水军得到了溪族以及越族的鼎力相助。卢循南下之后，即孙恩卢循起义的第二阶段，这些少数民族参与起义的比重似乎明显提高了。

在南方少数民族之中，自张鲁的五斗米道王国以来，道教就很容易被接受。道教谱系中李雄的成国便是賨人氏族之国。而关于孙恩卢循教团，溪族[22]与越族极有可能均参与其中，这又是出于什么原因呢？这里不禁使人联想到，同一时期，著名诗人陶渊明的《桃花源记》所描写的传说正在江南，尤其荆湘地区流传。

这个故事的大致内容是，一位渔夫沿桃花盛开的水路去追溯源头，在源头之处进入了一个洞穴，然后在豁然开朗的土地上发现了一座理想中的农村，并在这里受到了热烈欢迎，但最终却再也无法找到这一世外桃源。但是，这个故事并不是一般的汉族之中也广泛流传的普通世外桃源传说。根据唐长孺先生的观点[23]，这个渔夫其实指的是溪族人，那些遭受了压迫、被夺走土地并逃往深山的原住民，渴望得到曾经的和平农村生活的心情广泛传播，最终成就了这样的传说。公元三四世纪，华北处于混乱之中，这使汉族不断南下并对南方地区造成压力，特别是三国吴国以及东晋在江南建立政权、推行统治，使江南原住民的古老共同体社会开始崩溃，促使他们通过道教建立了新的共同体，而对孙恩卢循教团的共鸣与合作，或许同样也源于这种动机。

所以，在孙恩反体制运动的第一阶段中进行合作的扬子江下游三角洲地区的汉族农民，在下层出身的实力人物刘裕所建立的新体制之下开始有所收敛的时候，正是那些原住民，在孙恩卢循反体制运动阵营中坚持到了最后。

这些无疑促使卢循决意南下，并成为其起义运动第二阶段的重大支柱。广州是南方贸易要地，对于体制方面来说必须对其进行把控。最初从属于孙恩一方、来自吴兴武康的沈田子，归顺刘裕之后作为追讨卢循的部将，将卢循一路从广东追到广西。孙恩卢循起义，是从脱离正统道教教会的异端教派反体制运动开始的，直到最后消失也一直贯彻着其中的特性。其相关特性或许被南方道教所吸收并对之产生了影响，但现在我们已无从得知。从这种意义上来讲，可以说这一起义运动与发挥了体制补充作用的五斗米道，在性质上存在着相当之大的差异。

　　四、结语

　　综上所述，黄巾以及五斗米道的宗教运动，致使古代共同体乡村秩序崩溃之后，以反体制运动为出发点，并在推翻体制之后成为各地重新建立社会体制的核心之一，且至少作为平民层面进行自律的信仰共同体，成为世俗国家建立社会秩序的补充手段。在这一过程中，道教教团逐渐获得了认可，并在世俗国家的直接组织者——贵族、士大夫、知识分子中也获得了信徒。作为个人救济宗教的道教，通过建立信徒共同体，以社会秩序的稳定作为目标。虽然这样的道教与儒教相去甚远，但对世俗国家来说反而是件好事，不应将其排除在外。世俗国家对道教教团进行保护、统管及利用，或至少放任其自律维持民间秩序的做法，在个人宗教情绪高涨的中世纪，可以说是一种必然要求。

　　在道教教团逐渐得到整顿和正统化、对世俗国家体制进行补充的过程中，爆发了孙恩卢循起义。这一起义运动是脱离了持续得到正统化的道教教团的大规模异端运动。在这一时期，对江南国家体制及贵族统治体制怀有不满情绪的民众过多，而对体制进行补充的正统道教所拯救的民众却极少。

在这种因素的基础上，正如本文所述，在落后或者说古代遗制色彩浓厚的江南基层社会中，江南农民于四世纪末逐渐获得了足以发起反体制运动的抵抗能力，且古代农村共同体的崩溃迫使原住民进行反抗，起义运动由此而爆发。由道教异端所组织发起的反体制运动，最终促使体制内出现了新型体制领导者并对体制进行了强大的变革，反体制力量随之也开始收敛。在这个时候，接近正统道教教会的道教派别同样也发挥了作用，促使反体制力量期待新型体制领导者的出现。

由此可见，看似相同的道教反体制运动——黄巾五斗米起义以及孙恩卢循起义，在性质上却存在极大的差别。前者作为全新中世社会的重要形成核心之一持续发挥了作用，而后者作为异端运动最终土崩瓦解。我认为，在正统教会形成之后所发生的异端运动，最终只能被吸收或消灭。

即便如此，中国早期如此庞大的宗教反体制运动，似乎以孙恩卢循起义告终。即使北魏时期佛教起义之中最激烈的"大乘贼"，其波及范围也远远小于孙恩卢循起义，而且隋朝末期的起义运动所带有的宗教色彩非常有限。唐朝的弥勒教起义也是如此。孙恩卢循起义之后的宗教反体制运动为什么无法扩大，将成为今后的课题。而在思考黄巾五斗米以及孙恩卢循起义为何会发展到如此庞大规模的

时候，应该注意的是两者之间的共同基础条件，以及古代
乡村共同体崩溃这一时代背景。在这种时代背景下，古代
末期从共同体中被放逐的民众承受着强烈的不安与恐惧，
并对全新共同体怀有热烈的期盼。他们怀着这样的心情开
启了对于全新社会秩序的探索，我认为，正是宗教色彩浓
厚的中世社会得以出现的最大原因。

注

[1]　吉川忠夫：《六朝士大夫的精神生活》，《岩波讲座世
界历史》5，古代5，1970年。

[2]　志田不动麿：《赤眉贼与城阳景王祠的关系》，《历史
教育》第5卷6号，1930年。

[3]　亨利·马伯乐著、川胜译：《道教》，东海大学出版
社，1966年，第10—11页。（编注：现为平凡社东洋文库版，第14—
15页）

[4]　拙稿《贵族制社会的成立》，《岩波讲座世界历史》
5，古代5，1970年，第108—109页。（编注：现收录于《六朝贵族制
社会的研究》，岩波书店，1982年）

[5]　马伯乐前述译书，第138页。（编注：现为平凡社东洋
文库版，第174页）

[6]　参照大渊忍尔：《黄巾之乱与五斗米道》，《岩波讲座
世界历史》5，古代5，1970年，第36页；参考汇集了诸多关于曹操与

黄巾关系论述的《曹操论集》（北京：三联书店，1960年）。

［7］ 道安：《二教论》，《大正大藏经》卷五十二，第140页下半部分。

［8］ 《三国志》张鲁传及注引《典略》。

［9］ 拙稿上述论文，第120页。

［10］ 唐长孺：《范长生与巴氏据蜀的关系》，《历史研究》1954年第4期；石泰安著、拙译：《公元二世纪道教政治宗教运动评述》，《道教研究》第二册，1967年，第45—47页。

［11］ 陈寅恪：《天师道与滨海地域之关系》，《历史语言研究所集刊》第3本第4册，1933年。

［12］ 宫川尚志：《关于孙恩卢循起义》，《东洋史研究》第30卷，第2、3号，1971年。

［13］ 李家道相关内容参照宫川尚志《六朝史研究·宗教篇》（1964年）第94页，以及大渊忍尔《道教史研究》（1964年）第498页。关于伍子胥信仰内容，参考左思《吴都赋》"狎玩灵胥"李善注中的"灵胥伍子胥也。……盖子胥水仙"。

［14］ 冯君实先生《晋书孙恩卢循传笺证》（1964年）第10页，孙恩逃往翁洲，即今天的舟山群岛，郁洲后来也作为孙恩根据地，宫川先生认为，将郁洲作为其根据地更为恰当（宫川上述论文，第11页）。

［15］ 高丽藏经中有关于"道男官"的不同记载（参考牧田谛亮校：《弘明集研究》卷上·遗文篇，第218页）。

［16］ 东晋政权以北来贵族为中心建立，关于北来贵族成功

分裂统治江南豪族的过程，参考拙稿：《从孙吴政权的崩坏到江南贵族制》，《东方学报》第44册，1973年。（编注：现收录于《六朝贵族制社会的研究》）

［17］　宫川先生上述论文第一节《卢循的出身》以及《孙恩卢循之乱相关补考》，《铃木博士古稀纪念东洋学论丛》，1972年，第536页。

［18］　参考朱大渭：《孙恩徐道覆起义的性质及其历史作用》，《历史论丛》第一辑，1964年。另参考拙稿：《刘宋政权的成立与寒门武人》，《东方学报》第34册，1964年。（编注：现收录于《六朝贵族制社会的研究》）

［19］　参考大渊忍尔《道教史的研究》第四章、第五章（1964年），以及宫川尚志《近代道教的考察——以太上洞渊神咒经为中心》（《中国学志》第5本，1969年）。

［20］　冯君实：《晋书孙恩卢循传笺证》，1963年，第101—102页。

［21］　参考拙稿：《贵族制社会与孙吴政权下的江南》，《中国中世史研究》，1970年，第151页。（编注：现收录于《六朝贵族制社会的研究》）

［22］　关于溪族与道教，参考陈寅恪：《魏书司马睿传江东民族条释证及推论》，《历史语言研究所集刊》第11本第1册，1944年。

［23］　收录于唐长孺：《读"桃花源记旁证"质疑》，《魏晋南北朝史论丛续编》，1959年。

促使中国新佛教形成的力量

——南岳慧思的相关情况*

一、开端

在中国接纳佛教的历史中，中国佛教有别于印度佛教，形成了自身的特性。关于这一特性经历了怎样的发展过程得以形成的问题，冢本博士已经做出了如下的简要回答。即，作为中国接纳佛教的第一阶段，首先是"印度的悉达太子怎样成佛"，以释迦牟尼传为中心的佛教；接下来的第二阶段，则是"印度的释迦牟尼说过什么"，以佛法为中心对佛教的展开。第一及第二阶段都是"印度的释迦牟尼成佛之教"，所以这里的佛教始终未能摆脱外来色

---

* 编注：本篇收录于《中国中世的宗教与文化》（京都大学人文科学研究所刊行，1982年）。

彩。但第三阶段，中国人开始主动探索"中国的我们如何
得到救济"，开始发展出"中国国民的佛教"[1]。

从印度释迦牟尼的教导，或者说释迦牟尼佛教的阶段
开始，向着"把身处当下中华的我以及我们的社会从苦恼
中解放出来"的佛教，即第三阶段的转变，包含"从南北
朝末期开始一直到隋朝"。但作为带来这一转变的契机，
冢本博士非常重视北周武帝的灭佛运动（公元574—578
年）。

北周武帝灭佛，是针对自北魏以来持续发展的伽蓝
佛教以及出家教团的全盘否定，但根据冢本博士明确主张
的观点，这并不是对真正的大乘佛教本身的否定。相反，
暂且不论北周武帝的本意，正是由于废除了当时堕落为非
菩萨佛教的出家僧尼与寺院，才使大乘佛教的真义得以发
挥。因此，该灭佛运动是针对当时佛教存在状态并促成深
刻反省的契机，促进了佛教改革运动，最终形成了包括天
台宗、华严宗、三阶教、净土教以及达摩、慧可在内的中
国禅林，使全新的"中国大乘诸宗"开始成形[2]。

但是，正如冢本博士所举出的例子，把"当下的我"
乃至"我们"的问题作为要求的崭新大乘佛教的动向，从
达摩到慧可的禅法、为净土教的展开提供了基础的昙鸾，
以及指导过天台智颛并被列入天台宗宗祖之列的慧思等，
在北周武帝灭佛之前，自北魏末期到北齐时期便已经开始
生根发芽。

那个时代的佛教界主流与王室以及官僚贵族联系在一起，作为在都市寺院中讲经说法的佛教繁荣起来，但另一方面，也存在着反抗主流的实践性修行者，也就是所谓的云游僧流派。这一流派"经过北齐灭亡、北周灭佛的苦难，成为隋代实践性新佛教运动的源头"[3]。该流派当时仍然只是"山间溪流"，但是关于这一流派如何开始得以流传的问题，同样也是对追求救济"当下的我"乃至"我们"的"新佛教"的形成进行思考时的根本性问题。

北周武帝灭佛虽然确实一时阻断了这一溪流，但无疑使其转化为一条爆发性的汹涌长河。不过，相对于执政者的政策而言，最终极的问题在于堤坝建成之前，催生出这种潺潺溪流的人物精神，以及产生这种精神的历史社会条件的查明。因此我们的问题是，这种流派为什么没有从当时的南朝开始流传，而是直接从北魏末期到北齐时期的华北地区，也就是北周武帝灭佛之前与西魏北周相对峙的东魏北齐区域，即华北东部地区开始流传。

一般来说，南朝的佛教倾向于"义门"，即"印度的释迦牟尼说过什么"的佛法释义，而没有把重点放在"禅法"，即实践性修行之上[4]。而在华北地区，自公元四世纪五胡十六国时代的宗师道安以来，尽管持续受到外来僧人的影响，但中国佛教徒对于实践性修行禅法的重视倾向却非常强烈。这种以传统为基础的实践性修行的能动性力量，正是为追求拯救"当下的我"的革新性中国佛教开辟新天地的原动力。

　　另外，在通过鸠摩罗什以来的龙树系般若教学加深了大乘佛教理解的基础上，公元六世纪初的北魏佛教界，引入世亲系瑜伽唯识系的新型第二期大乘佛教的历史条件开始得以存在[5]。而且，这些都是在华北重视实践的风潮中，用来深化实践修行的素材。在这里，并不仅仅局限于拯救"当下的我"。作为大乘佛教徒以及菩萨道修行者，必然应该扩大到追求拯救全体"当下的我们"。

　　然而，在北魏末期的动乱中，以都城洛阳为中心繁荣起来的佛教教团主流，随着公元534年东魏和西魏的出现，开始向以邺城为中心的东魏北齐领域转移。该地区的佛教并不亚于北魏洛阳佛教的繁荣程度，作为讲经中心的伽蓝佛教虽然暴露出腐败堕落的一面，但这种暴露的本身，可以说加强了反面教材的刺激性[6]。也就是说，无论好坏，华北地区佛教教团的传统和矛盾统统集中在东魏北齐地区，为新的中国大乘诸宗潮流的产生提供了历史条件。

　　但是，这里的一部分佛教人士，开辟通往拯救"当下的我"或"我们"的新道路的根本条件是，他们实践意志的热情为打开突破口而高涨。而使实践意志达到这种高度的原因，可以认为恰恰在于对"我"或者"我们"所处"当下"情况的深刻认识。因此我们所面临的问题，比起他们在佛教教学或佛教教团发展史上的所处地位，更多的是与当时的社会状况相关联。对精神史以及社会史之间的关系进行查明，是一个非常困难的问题。但是出于对这一终极问题的持续关注，仍然应该针对佛教革新动向与当时社会状况之间的关系问题进行思考。

在这里，我想以南岳慧思（公元515—577年）[7]的情况作为开端。众所周知，他是天台宗中的集大成者智颛的老师，在龙树、慧文、慧思、智颛一脉相承的天台宗法灯中，位居中国第二祖。

有关初祖慧文的文字记载非常罕见，但与之相反的是，慧思的传记已由初唐的道宣整理为《续高僧传》卷十七，其中也包括若干慧思本人的作品。打开了法华三昧法门的慧思，对中国佛教宗派之一天台宗的形成，起到了至关重要的作用。从古至今，相关学界主要就是从这一视角开展了有关慧思的诸多优秀研究[8]。有关这些研究我再多说一句，慧思旨在护法以及普度众生，而他在实践方面所发挥出的能量，强烈到令人诧异。这种能量的高涨，恰恰正是开辟中国佛教新篇章的原动力。而且这一点，在正法、像法时代之后有关五浊恶世末法时代的时代认识中同样得到了证实，也就是说，六世纪中叶的严重危机意识，增强了他在实践方面的能量，这是我个人非常关注的一点。当时的时代环境相当恶劣，在这种环境中独自一人艰苦奋斗，在其中酝酿出积极向前的实践意志，并据此开辟新篇章，这一系列因素之间的相互关系，就是社会背景与生活在其中的人类的精神之间的关系。对这种关系进行探索之后，或许慧思会为我们提供特殊的线索。

因此，首先让我们来看一下慧思著作之中与上述问题最为密切的《立誓愿文》[9]。

二、立誓愿文

公元558年，慧思在他四十四岁生日、十一月十一日的秋天，完成了金字《般若经》及《法华经》各一部，并以净琉璃七宝作函，了却了多年以来的夙愿。金字经书，是佛灭五十六亿年之后，弥勒佛为普度众生而出现之前，在末法无法的大恶世中佛法不灭的象征。慧思在撰写金字经书的过程中，还亲自致力于教化众生，且关于未来贤劫初期弥勒佛的出现以及参与弥勒佛普度众生的大业进行了发愿，并书写了下来。这就是《立誓愿文》（收录于《大正藏》卷四六，No.1933）。

这篇文章在开头提出了正像末三时说，即正法时代为佛灭之后五百年，像法时代为其后一千年，而末法时代为继续延后一万年的时代划分。在这一时代划分中，自我以及目前所处位置，即正法和像法消失之后，"我慧思即是末法八十二年，太岁在乙未（公元515年）十一月十一日，于大魏国南豫州汝阳郡武津县（现今河南省上蔡县以东）生"（大正46·787a），"至年四十四，是末法一百二十五年"（同上，787c）的时代认识，是中国末法思想最初的明确表示，结城令闻先生早已针对这一点进行了指出[10]。

另外，慧思本人对这一时代的认识，为"无始已来，不种无漏善根，是故恒为爱见所牵，无明覆蔽，致令虚妄，生死日增，苦轮常转，未曾休息。往来五道，横使六识轮回六趣。进不值释迦出世，后复未蒙弥勒三会，居前后众难之中"。与此同时，也有"又藉往昔微善根力，释迦末世得善人身，仰承圣教之所宣说"（同上，786c—787a）。

正因为如此，十五岁便"出家修行"的慧思，"诵《法华经》及诸大乘，精进苦行至年二十。见世无常，众生多死。辄自思惟，'此身无常，苦空无有，我人不得自在。……世法如云有为难信。其爱著者，即为烦恼大火所烧。若弃舍者，则至无为涅槃大乐。一切众生，迷失正道，永无出心。我为众生，及为我身，求解脱故，发菩提心，立大誓愿，欲求如来一切神通，若不自证，何能度人。先学已证，然后得行，自求道果，为度十方无量众生，为断十方一切众生诸烦恼故，为令十方无量众生通达一切诸法门故，为欲成就十方无量一切众生菩提道故，求无上道，为首楞严'。遍历齐国诸大禅师，学摩诃衍，恒居林野经行修禅"（同上，787a）。

根据以上记载，开悟之后的慧思在三十四岁之后遭遇了各种各样的法难，四十四岁时完成了金字经书以及

《立誓愿文》的制作，并将这一过程记录了下来。关于这一自述，陈寅恪先生认为"实亦古人自著年谱最早者之一"[11]，但这篇愿文为我们留下的最为深刻的印象，是其中的内容。接下来，我们听一听慧思本人说过的话。

　　愿此金字摩诃般若波罗蜜经及七宝函，以大愿故，一切众魔诸恶灾难不能沮坏。愿于当来弥勒世尊出兴于世，普为一切无量众生，说是般若波罗蜜经时。以我誓愿，金字威力，当令弥勒，庄严世界，六种震动，大众生疑，稽首问佛："有何因缘，大地震动，唯愿世尊，敷演说之。"

　　时弥勒佛，告诸弟子："汝等应当，一心合掌，谛听谛信，过去有佛，号释迦文，出现世间，说是般若，波罗蜜经，广度众生，彼佛世尊，灭度之后，正法像法，皆已过去，遗法住世，末法之中，是时世恶，五浊竞兴，人令短促，不满百年，行十恶业，共相杀害，是时般若，波罗蜜经，兴于世间，时有比丘，名曰慧思，造此摩诃，波罗蜜经，黄金为字，琉璃宝函，盛此经典，发弘誓愿。""我当度脱，无量众生，未来贤劫，弥勒出世，说是摩诃，般若经典……""汝等当知，是彼比丘，愿力因缘，金经宝函，今欲出现。"

　　大众白佛："唯愿世尊，以神通力，令我得见，金经宝函。"

佛言："汝等，应当一心，礼过去佛，释迦牟尼。亦当一心，专念般若波罗蜜经。"

佛说是时，大地以复，六种震动，出大光明，普照十方，无量世界。其香殊妙，超过旃檀，百千万倍。众生闻者，发菩提心，琉璃宝函，现大众前，唯可眼见，无能开者。时诸大众，踊跃欢喜，俱白佛言："唯然世尊，云何得见，般若经文。"

弥勒佛言："彼造经者，有大誓愿，汝等应当，一心念彼，称其名号，自当得见。"

说是语时，一切大众，称我名号："南无慧思！"

是时四方，从地涌出（菩萨摩诃萨），遍满虚空，身皆金色，三十二相，无量光明。悉是往昔，造经之人。以佛力故，宝函自开，出大音声，震动十方，一切世界。于时金经，放大光明，无量众色，犹如大云，流满十方，一切世界，种种音声，普告众生。复有妙香，悦可众心。是时众生，以我（慧思的）愿力，及睹地动，又见光明，闻香声告，得未曾有，身心悦乐，譬如比丘，入第三禅，即于是时，悉得具足，三乘圣道，乃至具足，一切种智。此愿不满，不取妙觉。（同上，787c—788b）。

这里引用了《立誓愿文》中最初的誓愿第一条，就是希望多少能传达一下那种夸张的表达手法和强烈的震撼力。即，想象并且期待着五十六亿年之后弥勒佛出世时，自己所制作的金字《般若经》能够拥有大功德。这种对场面所进行的庄严夸大的描写，无疑借用了《般若经》以及《法华经》等其中的宏大修辞。根据《续高僧传》（大正50·562c），对于十五岁出家以来"诵法华等经三十余卷，数年之间千遍便满"的慧思来说，表现自己所造金字经书的功德时，自己所读经书的宏大修辞自然而然流露出来，确实也是情理之中。不过，借助这种夸张表现手法的余热，描写了五十六亿年之后的弥勒佛说道"一心念彼（慧思），称其名号"，并对"一切大众，称我名号：'南无慧思！'"的情景进行了想象和期待，一直到"此愿不满，不取妙觉"的发愿，如果没有菩萨行者慧思这种坚定的信心以及强烈的实践意志，是绝对无法做到的。

实际上，《立誓愿文》中，就像偈文"欲重宣愿意"所说的后段内容有"愿我从此生，修一切苦行，为求佛道故，不顾于身命。过五十亿万，如是世数中，为道修苦行，复过六亿万。尔乃至贤劫，得见弥勒佛，具一切种智，受记最第一"的发愿，甚至还有"决誓后贤劫，具六波罗蜜，自在神通力，等齐十方佛"（大正46·790c—791a）。与此同时，还有"以此誓愿力，转无上法轮，住寿无量劫，常住不涅槃，应化遍十方，忍苦为众生"（791a），以及"十方世界中，刚强恶众生，三途及八难，悉闻我名字。柔化及苦切，必令入佛道"（791b）等方面的决意表达。

　　当然，发菩提心的菩萨行者普遍都发愿普度一切众生。慧思也在二十岁的时候"发菩提心，立大誓愿"（上文第215页）。但是，四十四岁的时候重新发愿的这篇《立誓愿文》中，反复强调十方众生"闻我名字""称我名字"得以超度，并且进行了"若不尔者，不取妙觉"的发愿。这类似于阿弥陀佛的四十八愿，无非是"我慧思"代替佛菩萨的弘誓愿。

　　这样一来，"我"就是活菩萨，或至少增加了成为佛菩萨的可能性，对"于受记人中，名号最第一"怀有坚定的信心，作为释迦牟尼佛与弥勒佛之间的护持佛法者，具有强烈的使命感。

　　这种坚定的信心和强烈的使命感是如何形成的呢？其中一个原因在于，公元548年慧思三十四岁"在河南兖州界论义。故遭值诸恶比丘，以恶毒药令慧思食"以来，在讲摩诃衍义进行问答时，曾几度在生死线上挣扎，但同时慧思的精神得到了锻炼。对于他所讲的摩诃衍义、般若波罗蜜义，当时北齐的一般佛教界不仅表现出极大的不理解，甚至提出了"杀害毁坏"的抗议。慧思坚信自己理解的正确性，并且通过这类事件，坚定了自己作为弥勒佛出现之前末法无法期间般若波罗蜜经的护持，即佛法护持第一人者的信心及使命感，这些从《立誓愿文》中的自著年谱部分（同上，787a—c）就可以看出来。另外，这类事件也使慧思下定决心，对于那些"邪见恶俗人""刚强恶众生"，"我以誓愿力，神通摧伏之"（同上，791a—c）。

促使慧思坚定信念的外部条件，在于对这种社会性排斥的反抗，而引发这种社会性排斥的根本原因，在于慧思自身的证悟，以及基于证悟讲说摩诃衍义、般若波罗蜜义。在这里，我必须尽我所能去了解他所说的摩诃衍义、般若波罗蜜义到底包含怎样的内容。

三、波罗蜜义与法华三昧

慧思所体会到的证悟，正是他自己后来所说的法华三昧。他的著作《法华经安乐行义》（大正46·No.1926）以及《诸法无诤三昧法门》（同上，No.1923），可以认为正是基于这种证悟，把自己的思想系统化所产生的作品，而根据作品中的相关论述，反过来提炼其核心也并非不可能。不过，根据道宣《续高僧传》中的记载，我们可以看出他的证悟具有直率的特性。

根据记载，读完《妙胜定经》[12]并称赞禅宗功德的慧思，在慧文禅师的指导下开始进行禅宗修行。慧文的身边聚集了数百名弟子，形成了僧团。慧思最初在维持僧团生活所必需的日常工作中不辞劳累辛勤劳作的同时，日夜进行摄心修行。

但是一年之后，仍然没有得到任何证悟。第二年夏天，他进行了三七二十一日的坐禅，终于"发少静观"，通过坐禅观想，"见一生来善恶业相"。在惊愕嗟叹的同

时，愈发产生勇猛心，"发本初禅"。但他此时却陷入了
"禅障忽起，四肢缓弱，不胜行步，身不随心"的状况
中。大概是勇猛的修禅意志导致了神经衰弱状态。因此，
"即自观察，我今病者，皆从业（行为）生。业（行为）
由心起，本无外境（外面的世界）。反见心源，业（行
为）非可得。身如云影，相有体空。如是观已，颠倒想
灭，心性清净，所苦消除。又发空定，心境廓然，夏竟受
岁，慨无所获，自伤昏沉，生为空过，深怀惭愧。放身倚
壁，背未至间，霍尔开悟"。道宣对此解释道："法华三
昧，大乘法门，一念明达。十六特胜，背舍除入，便自通
彻，不由他悟。"（大正50·562c—563a）。

　　根据道宣上述记载，从少静观到本初禅，甚至到达
空定阶段对禅观进行深化的同时，却仍然苦于不得要领的
慧思，不经意靠墙但背部尚未抵到墙壁的一瞬间，自然地
进入了无执着状态，"霍尔开悟"，巧妙地传达了顿悟。
这里的开悟，是一种彻底无执着的体验。借用横超慧日先
生的话来说，在空定的方面，"由于去除了对于'空'的
取著，空不再是与'有'相对的空，超越了空有之间的差
别之后，便开辟了包容空有的新天地"[13]。

　　慧思曾在‘一依释论（即《智度论》）"的慧文禅
师[14]指导下，按照《智度论》攀登禅宗修行的阶梯。这
种禅宗阶梯，在《智度论》卷二十八（大正25·186前
后）解说《般若经》禅波罗蜜的部分有所记载，根据后来

慧思进行的整理，分为"欲界地→未到地→初禅地（上述《续高僧传》中的本初禅）→二禅地→三禅地→四禅地→空处地（上述的空定）→识处→无所有处地→非有想非无想处地，如是次第有十一种地"（《法华经安乐行义》大正46·700a）。

慧思沿着这一阶梯，将修禅推进到"空定、空处地"的境界中，仍然不满足，而在瞬间的无执着体验中，"霍尔"顿悟了终极境界。慧思在修禅的尽头，到达了身心俱悟的终极境界，即彻底无执着，正如《般若经》序品（大正8·219a）"于一切法（存在）不着故，应具足般若波罗蜜"中所谓的"不着"，这种体验就是终极的"般若波罗蜜"，也就是"智慧的完成"。正如道宣在《续高僧传》慧思传末尾的评论，这是"因定发慧"，"此旨不虚"，一举"定慧双开"（大正50·564a）。

关于慧思的这一证悟，根据《续高僧传》的引用，"法华三昧·大乘法门一念明达"，但根据横超先生所言，这里证悟的是"体会到了《法华经》所说恶一乘实相精神，或者也有可能是在其之后的内容"[15]。至少，慧思以这种证悟为核心完成《法华经安乐行义》等著作，是相当长一段时间之后的事，比本应完成《立誓愿文》的四十四岁要早。

究其原因，他在慧文禅师的指导下所达到的证悟，根据《立誓愿文》，慧思二十岁以后，"遍历齐国诸大禅

师，学摩诃衍，恒居林野经行修禅"（上文第215页）期
间所发生的，处于"年三十四时，在河南兖州界论义。故
遭值诸恶比丘，以恶毒药令慧思食"以来，经常"说摩诃
衍义""众恶论师……咸欲杀害毁坏般若波罗蜜义"的法
难时代之前。法难时代的慧思，就这样专讲摩诃衍义以及
般若波罗蜜。他写《立誓愿文》的时候，也一同完成了
金字《般若经》以及金字《法华经》，但是"关于《法华
经》，《立誓愿文》只提及了一两处，但《愿文》全篇都
洋溢着对《般若经》的仰慕之情"[16]。安藤俊雄先生认
为，"当时慧思的教学中心被认为放着《般若经》"，
"但是摩诃衍不一定局限于般若，有时也带有《法华经》
的意味"[17]。不过，从《立誓愿文》的表现来看，"摩
诃衍义"无疑还是以"般若波罗蜜义"为重点。慧思在
二十岁之后、三一四岁之前，恐怕是在三十二岁时，达到
了证悟[18]，但是"（十五岁以来，诵读经书而习得的）
《法华经》的根本精神，确实（证悟后）没过多久，或
者（证悟的时候）瞬间领悟到的"[19]。不过，明确使用
"法华三昧"的概念来进行把握，贯通《法华经》与《般
若经》（以及作为其释论的《大智度论》）等内容并将其
作为核心来完成"大乘法门"的综合体系化，即使花了相
当长的时间，也不足为奇。

被认为慧思四十四岁所完成的《立誓愿文》中，着
重于强调《般若经》的功德，很少提及《法华经》。而在

《法华经安乐行义》（大正46·697c）中，也有"法华
经者大乘顿觉。无师自悟疾成佛道。一切世间难信法门"
的所谓"法华圆顿之旨"，如果把两者之间的差异进行对
比，则可以看出"摩诃衍义"把《般若经》到《法华经》
的时间推移过程作为必然考察要素。也就是说，《法华
经安乐行义》具有《立誓愿文》中所述的决心："我今
入山，忏悔一切障道重罪，经行修禅"（同上，788c—
791c），是大苏山修行时期的作品。智颚来到大苏山之
后，这一观点的基础得以巩固（参照下文第232页）。

　　那么，慧思在来到大苏山之前，在佛法会上所讲的
"摩诃衍义""般若波罗蜜义"，为什么会给当时的佛教
界带来足以引发法难的冲击呢？《般若经论》以及作为其
释论的《智度论》，在当时佛教界中已经开始广泛传播。
慧思所讲的"摩诃衍义"如果与通常的内容相似，那就应
该不会引发任何问题。

　　然而，他所讲的"般若波罗蜜义"却引发了骇人的抗
议，说明他的释义在当时非常具有革命性，同时也说明对
于遵从传统释义的普通僧侣来说，慧思的批判非常猛烈。

　　那么，他的新"摩诃衍义""般若波罗蜜义"究竟是
怎样的释义呢？这些释义毫无疑问是由慧思通过上述证悟
所创造的。虽然法难时代慧思是否已经正面提出"法华三
昧"仍然是个问题，但可以明确的是，"摩诃衍义"与后
来的"法华三昧"思想处于同一方向。在这里，慧思的一

贯态度并不在于《般若经》或《智度论》中般若波罗蜜义的客观的、讲坛哲学式的理解或解说，而是具有更注重于如何体会般若波罗蜜的实践立场以及禅宗立场。他的"般若波罗蜜义"的新颖之处，简单来说，就在于其强烈的实践立场视角。关于这一点，我将在下面结合一些具体的语句来进行考察。

首先，慧思在《般若经》中所讲的六波罗蜜中，对禅波罗蜜予以特别强调，同时对于般若波罗蜜也用禅定来进行说明，是他的显著特色。以这一问题为主题的《诸法无诤三昧法门》（大正46·627c）[20]之中，就有"百八三昧，……诸解脱。大慈大悲，一切种智，……六波罗蜜，三十七品，……如意神通，四摄法。如是无量佛法功德，一切皆从禅生"。原因在于，"三世十方无量诸佛，若欲说法度众生时，先入禅定，以十力道种智，观察众生根性差别，知其对治（的方法），得道因缘，以法眼观察竟，以一切种智，说法度众生。……皆是禅波罗蜜功德所成"。

对于禅波罗蜜的这种强调，自然会使人产生以下疑问。慧思自行对这种疑问进行了设定。"般若经（序品·大正8·219a—221a）中佛自说言'欲学声闻当学般若，欲学缘觉当学般若，欲学菩萨当学般若'。复次有六波罗蜜，般若为前导，亦是三世诸佛母（佛母品·大正8·323a—b）。汝今云何，偏赞禅不赞五波罗蜜……"这个问题，恐怕在法难时代慧思讲般若波罗蜜义、摩诃衍义时，自然会被提出。

　　慧思在对这一问题进行回答时，引用了《大集经》卷二十三（大正13·157b以下）佛陀回答憍陈如，何为法行比丘时说的话。诵读如来十二部经，乐为四众敷扬广说，"是名乐说，不名法行"；能广演说思惟其义，"是名思惟，不名法行"；思惟演说观其义理，"是名乐观，不名法行"。真正的"法行比丘"，"能观身心，心不贪着外一切相，……永离烦恼，其心寂静"，在这里首先叙述了行即禅观这一重要内容（大正46·628c）。然后，在这种禅观中"定如净油智如炷，（两者合为一体）禅慧如大放光明，照物无二是般若，镫明本无差别照。睹者眼目明暗异，禅定道品及六度，般若一法无有二，觉道神通从禅发，随机化俗（本为一体）差别异"（同上，629a）。

　　也就是说，对经典诵读、讲说、思惟、观察，无法真正理解经义，通过"法行"，即禅观进行实践所体会到的东西才是真正的理解。在这种体会的基础上，禅定与般若智就好比放出光明的油和灯，就好像之前提到的，三十七道品以及六波罗蜜，与般若"一法无二"。

　　于是，慧思在《诸法无诤三昧法门》中，从禅定开始说明所有的"道品·六度"，只引用了通过禅定来对般若波罗蜜经进行说明的部分。

复次菩萨摩诃萨，以诸法无所有性，一念一心具足万行，巧方便慧。从初发心至成佛果，作大佛事，心无所著，总相智，别相智，辩说无碍，具足神通波罗蜜，供养十方一切佛，净佛国土，教化众生，尔时禅定，转名般若波罗蜜。（同上，631a）

像这样，通过把禅波罗蜜等同于甚深微妙禅定，把《般若经》与《智度论》进行统一理解，就是慧思的"般若波罗蜜义"，他的"摩诃衍义"，同样也是沿着这条线。不过，从这一点来看，"一依释论"的慧文，应该也是依据《智度论》所讲的禅法来进行修禅的。慧文或许没有通过禅定来彻底把一切进行统一理解，但他也朝着通过禅来体会般若波罗蜜的方向。但如果仅仅只有这一种方向的话，当时就不会有那么多新兴内容。这就是问题的第二点，次第行与不次第行的问题。

关于这一点，道宣讲述了慧思和他的弟子智颛之间极具暗示性的问答。即智颛在大苏山慧思门下参禅时，慧思让智颛代讲金字《般若经》。但是，讲到《般若经》一念品"一心具万行之处"（大正8·386b以下）时，智颛产生了疑问。慧思为了向智颛做出解释，说了下面这段话：

汝向所疑，此乃《大品》次第意耳，未是《法华》圆顿旨也。吾昔夏中苦节思此，后夜一念顿发诸法，吾既身证，不劳致疑。

　　智颛听完这段话，随即受法华行法（大正50·563b）。

　　"一心具万行"这句话正如前文所见（第231页"一念一心具足万行"），是慧思用来说明禅定即般若波罗蜜的根据。当时年轻的智颛，正是在这里产生了疑问。

　　这一疑问是由于受困于"大品"即《摩诃般若波罗蜜经》中的"次第意"，是由慧思本人"身证""法华圆顿旨"时的疑惑之处产生的。

　　"大品次第意"，以慧思自身的经验而言，正是他过去在慧文门下"夏中苦节"，按照少静观→本初禅→空定的"次第"沿禅宗阶梯推进时的观点。这一阶梯，正如前文所述（第224页），正是慧思本人根据《般若经》与《智度论》整理的"欲界地→……初禅地→……空处地→……非有想非无想处地，如是次第有十一种地"的阶梯。但是这种次第行，根据《法华经安乐行义》（大正46·700a），"是阿毗昙杂心圣行"，"安乐行中深妙禅定——慧思取名为'无相行'——[21]即不如此"。"从一地至一地者，是二乘声闻及钝根菩萨，方便道中次第修学。不从一地至一地者，是利根菩萨，正直舍方便不修次第行。若（依作为不次第行的无相行为核心）证法华三昧众果悉具足。"（同上，698c）在法华三昧中，所谓"无师自然觉，不由次第行，解与诸佛同，妙觉湛然性（即，如来藏，自性清净心）"[22]（同上，698a）。正因如此，这部作品正是对"法华经者大乘顿觉。无师自悟疾成佛道"进行引导的经典（同上，697c）。

道宣《续高僧传》中智𫖮与慧思之间围绕"一心具万行"展开了问答，而后慧思所回答的"大品次第意"与"法华圆顿旨"之间的差异，从慧思本人的著作出发，便是以上的解释。慧思在慧文门下"昔夏中苦节思此，后夜一念顿发诸法"身证——不经意靠墙但背部尚未抵到墙壁的一瞬间，进入了彻底无执着的状态，"霍尔开悟"——那已经是超过了"大品次第意"，是"无师自悟"的"不由次第行""顿觉"。

根据《续高僧传》，慧思离开慧文门下之后，拜访鉴师、最师的时候，述说了自己的深证，"皆蒙随喜"（大正50·563a）。但是，之所以没有慧文禅师随喜的记录，或许暗示了身为老师的慧文，对慧思确信这种身证"无师自悟"的一种不满。或者说，暗示了"一依释论"的慧文无法轻易摆脱"大品次第意"，并未认同作为"不次第行"的"禅定般若波罗蜜"之说。

实际上，"大品次第意"同样也是年轻时的智𫖮，以及当时一般般若学者们的共同理解。然而，身证之后的慧思，以三十四岁时的兖州"论义"为开端，在河南各地进行"摩诃衍义"讲说时，对"大品次第意"的理解进行了尖锐批判，认为声闻、缘觉不过是钝根菩萨行者的修学方法而已，而利根菩萨则舍弃了作为方便手段的这种"次第意"，并且肯定大谈"一念一心具足万行"的终极禅定般若波罗蜜，以及应该积极向普度众生迈进等。关于慧思的讲席上所谓"恶比丘""恶论师"们所表现出要毒杀慧思的抗议和憎恶的相关背景，假定慧思断言他们不过是声闻、缘觉的钝根菩萨、"诵说十二部经，思惟演说观其义理"的比丘而不是真正的"法行比丘"，并进行了猛烈批判，那么这种事件的发生对于我们来说就可以理解了[23]。

如上所述，慧思的新"般若波罗蜜义"，原本同样建立在《般若经》基础之上，但其中的矛盾冲突在于：第一，慧思对禅进行极度强调的"禅定=般若波罗蜜"论。第二，《般若经》"一心具万行"，"禅定=般若波罗蜜"的终极体现，根据"大品次第意"是无法理解的，主张通过"不由次第行"来进行顿觉。第三，拘泥于通过"大品次第意"来对《般若经》进行理解与讲说的一般佛教界风气，偏离了佛教"大乘法门"菩萨道宗旨，在这种风气中安于现状的一般僧侣，无外乎声闻、缘觉之类的钝根菩萨，据推测，慧思将这些情况毫不避讳地指了出来。慧思在脱离"大品次第意"、强调"顿觉"之外，还通过"大品"以外的经典以及年少时研读的《法华经》来探求自我身证的根据，因此无论"法华经者大乘顿觉"的观点，还是对于"法华三昧"的高度标榜，都具有必然性。

另外，对"大乘顿觉"进行保证的根据为，"一切众生皆以如来藏"（《法华经安乐行义》，698b）以及"坐禅时，应先观身本，身本者如来藏也，亦名自性清净心，是名真实心"（《诸法无诤三昧法门》，628a）的如来藏思想，无疑是一种"无愚无智"凡圣共有的自性清净心的醒悟。可以说，这与新达摩系的大乘禅在性质上具有共通之处。接下来，我们将开始探讨慧思在当时新大乘禅的动向之中所处位置及其非凡之处。

四、大乘禅与大乘戒

达摩禅的特色，在于道宣《续高僧传》习禅篇"论"中所提到的"取法虚宗大乘壁观"（大正50·596c），这里的"虚宗"指的是"般若的根本义"[24]。另外，根据《续高僧传》菩提达摩传，据传说他"初达宋境南越，末又北度至魏，随其所止诲以禅教，于时合国盛弘讲授，乍闻定法多生讥谤"（同上551b—c）。他的弟子僧可（即慧可）也有同样的遭遇，"天平（公元534—537年）之初，北就新邺，盛开秘苑，滞文之徒，是非纷举。时有道恒禅师，先有定学，王宗邺下，徒侣千计。……恒遂深恨，谤恼于可，货赇俗府，非理屠害。……几其至死"（同上，552a）。

慧思同样也是如此，正如上文所述，他因为讲说自己通过禅定而体会到的般若智慧"般若波罗蜜义"——与

"大乘顿觉"有关，而遭到了恶比丘、恶论师的迫害，几度在生死线上挣扎。

这表明，他们所开辟的新大乘禅的内容，以及在当时掀起的风波具有共通之处。柳田圣山先生对此如是说道，"禅与教的分裂，是南北朝末期佛教中极其不幸的历史课题，……在达摩和慧思的时代，大乘禅得以特别主张的历史意义，是与南北朝末期大乘思想的兴起密切相关，并与禅宗实践门双翼戒律思想的新动向有关的大问题……慧思依据《法华经》，达摩以虚宗为立场，大谈壁观与安心，这恰恰很好地回应了支撑禅宗实践的大乘思想的历史课题"[25]。另外，"关于小乘禅与大乘禅的区别，其最明显的差别在于分别对两者起到支撑作用的慧的问题，换言之，在于对般若理解的深浅"。达摩在壁观中表现出了对于般若的深刻理解，同时慧思也在作为不次第行的无相行中达到了禅定即般若的理解深度。在作为菩萨禅的深刻般若的体会中，两者的原始体验是共通的。达摩的体系后来作为《楞伽经》的传统得以展开，慧思的体系则作为《法华经》的传统得到发展，这些完全是为了说明其原始体验所依据的经典的问题。两者共通的大乘禅，其新颖之处在于"定慧双开"，定与慧之间关系的体现。

但是，身证之后慧思说道，"以大小乘中定慧等法，敷扬引喻用摄自他。众杂精粗是非由起"，受到了严重的迫害（《续高僧传》大正50·563a）。虽说他倡导了新大乘禅中的"定=慧"，但却并没有因此而割舍小乘禅法。

实际上，《诸法无诤三昧法门》的下卷便是从他立场出发的四念处观在全卷中的定位，《随自意三昧》（收录于《续藏》2-3-4）同样也对渐悟、次第行进行了说明，所谓的"大品次第意"以"大乘顿觉"为中心被包含在其中。就像陈寅恪先生所指出的那样，《立誓愿文》中甚至还残留着被误认为属于中国固有道教体系的"婆罗门长生养性之术"[26]。

慧思这种兼具大小乘佛教的特性，经由智颉被整理为庞大的体系。但与之相反的是，达摩禅起初"推行传统小乘戒并修，抵御着世俗的讥嫌，并强调无执着等内容，与天台系几乎一致"[27]，但在此后从北宗禅向南宗禅的发展过程中，达摩禅持续消除小乘因素，实在是一种较为激进的展开方式。但需要注意的是，双方所开创的新时代的核心，是"几乎一致"的[28]。

柳田先生指出，这种新大乘禅的主张与戒律思想的新动向有关。在这里我们必须注意的是，慧思思想中其实存在着极为激进的大乘戒思想。关于这一点，在《法华经》安乐行品（大正9·37a）中"菩萨摩诃萨于后恶世欲说是经，一者安住菩萨行处及亲近处"，以及菩萨行处"住忍辱地"，慧思对这些内容进行的解说便可以看出（大正46·701b—702a）。

根据慧思所述，"应住忍辱地"中的"忍"，包括众生忍、法忍、大忍三种。其中，又将众生忍分为三种进行了说明。首先，菩萨受任打骂轻辱毁呰的时候，对于遭到打骂的我身，以及打骂行为本身，应修空观忍而不报。第二，菩萨于一切众生都无打骂，恒与软语，对其进行引导。众生若见菩萨忍，即发菩提心。但是，众生忍中的第三点，远远超过了一般意义上的忍辱。即，"于刚强恶众生处，为调伏令改心故，或与粗言毁呰骂辱，令彼惭愧，得发善心，名众生忍"。

众生忍的第一点和第二点，确实可以称作忍，但第三点的情形是指菩萨当时无法忍耐的状况。在这里，我们必然会产生疑问——为什么这种情况可以称为忍呢？慧思做出了以下回答：

打骂不报，此是世俗戒中，外威仪忍。及观内空，音声等空，身心空寂，不起怨憎，此是新学菩萨，息世讥嫌，修戒·定·智方便忍辱，非大菩萨也。何以故？诸菩萨但观众生有利益处，即便调伏，为护大乘护正法故，不必一切慈悲软语。

于是，《涅槃经》中便有仙予国王杀死诽谤大乘经典的婆罗门的故事（大正12·434c），以及有德国王为了保护觉德法师，讨伐破戒恶比丘的故事（同上，383c—384a）。根据这些内容，杀死破戒的恶人，使其堕入地狱、觉醒发心，'此岂非是大慈大悲，即是大忍"，"此菩萨大方便忍，非小菩萨之所能为"。因此，"若有菩萨行世俗忍，不治恶人，令其长恶，败坏正法，此菩萨即是恶魔，非菩萨也"。"求世俗忍，不能护法，外虽似忍，纯行魔业。"

因此慧思认为，不惜杀死破戒恶人的"众生忍"之三，就是"大忍"。众生忍、法忍、大忍，三忍之中的大忍，"一念尽知十方佛心。亦知一切众生心数，一念悉能遍观察之，一时欲度一切众生，心广大故名为大忍"，是"具足诸佛大人法"的极致（大正46·702b）。可以说，这些是一种激进的主张，甚至会导致价值的完全颠倒。

慧思原本所依弘的《涅槃经》，"针对僧尼和帝王，以原有的小乘律常识来看自然属于非法的大胆行为，为了护持大乘正法，却作为大乘律具体展开而得到积极鼓励的戒律思想"[29]。这就是《涅槃经》的特色之一。其中对于大乘戒的重视，也是北地涅槃学的特色。另外，安藤俊雄先生指出[30]，这种大乘戒思想"对于其他民族的帝王来说……不仅把建立新国家之前残忍的战斗行为合理化，而且提供了在新国家的治理之中与汉人僧尼教团势力的结合点"。他认为，"慧思强烈的护法精神继承了北地涅槃学者之间流传的赵魏传灯之美"。但是与此同时，《涅槃经》所包含的大胆的大乘戒思想，为了护法而切断与现实帝王的结合，云寻找真正以护法为目的的帝王，或者成为菩萨行者在野僧侣的主动实践方针时，往往就会转化为异端思想依据[31]。慧思在《法华经》安乐行品（大正9·37a）中所说的"菩萨摩诃萨亲近处"教义，就是指要把"不亲近国王、王子、大臣、官长"铭记于心（大正46·701b）。

贯彻在野菩萨行者的慧思，他的这种明确的大乘戒思想，在当时很有可能与极其激进的危险思想联系在一起。

就在慧思出生的同一年，公元515年，以法庆和尚为中心的过激"大乘贼"之乱，开始在河北省南部地区爆发。他们相信，杀一个人就会成为一住菩萨，杀了十个人就会成为十住菩萨，于是"唯以杀害为事"，破坏寺院、杀害僧尼、焚毁经像，声称"新佛出世，旧魔除去"[32]。慧思认为自己出生在佛法尽灭的末法时代，于是期待着遥远未来弥勒佛的出世，同时还宣称，如果想在这一期间一心一意护法，就要允许刚恶比丘被杀。不久，以信行（公元540—594年）为首的三阶教，贯彻末法时代钝根哑羊僧的觉悟，对于不予以贯彻的普通僧人便发起猛烈进攻，最终被打上了异端烙印[33]。慧思当然不能与"大乘之贼"相提并论。但是在这种时代背景下，为了护法而允许杀人的强烈调伏思想，被认为是危险思想的先驱，甚至可能与异端相关联[34]。

可以认为，慧思的这种大乘戒思想，经过屡次遭受的法难，终于开始朝着激进的方向发展。我们之前提到，慧可也曾受到道恒禅师一派的迫害。但是，在最早的达摩禅体系中，似乎并没有像慧思那样明确阐述大乘戒思想的有关记载。法难时期的慧思，针对所谓的"恶比丘""恶论师"，虽然无法确定是否已经像《法华经安乐行义》中所说的那样表达了激进的调伏思想，但从大苏山时代到南岳衡山时代，他无疑并说过这一思想。以大乘禅身证为基础的这种激进主张，对当时的佛教界产生了冲击，引发了巨大的风波。道宣在慧思传论（大正五十年·564a）中提到，"南北禅宗罕不承绪（慧思）"，可见慧思影响力的巨大程度，一方面也来自这一冲击[35]。

关于以上大胆的大乘戒思想的表达，慧思所依据的是《涅槃经》金刚身品之中有德国王与觉德比丘的故事，"若有正法欲又尽时，应当如是受持拥护"（大正12·384a）。另外，慧思借助《法华经》安乐行品的解说，来对自己包含了大乘戒的全部思想进行展开，安乐行品便是以"于后恶世，云何能说是经"（大正9·37a）为主题。

需要注意的是，也在这里所强调的以"大乘顿觉"为宗旨的禅，在"如来灭后，于末法中，欲说是经，应住安乐行"（同上，37c—38a）的内容中，通过"末法时代安乐死行"进行了定立。也就是说，慧思思想的形成与表达，与他"生于五浊恶世末法时代"的时代认识以及危机意识密切相关。其思想中的激进性质以及充满确信的强烈主张，实际上来源于这种危机意识的深刻程度。因此，接下来我们将对这种末法意识及其时代背景进行考察。

五、末法与时代背景

正如本文开篇所述，最早在中国进行正法、像法、末法三个时期划分的，正是南岳慧思。关于这一点，山田龙城先生是这样说的："一般来说，中国佛教学者提出这种说法的情况，通常以经论作为依据。圣典上没有的话，就不会随便说。"但是"这里的问题是，关于末法思想的流行，最有力的圣典大集经是在南岳《立誓愿文》（公元558年）的八年后（公元566年）翻译的。因此，南岳说正像末的依据并非毫无疑问。不过，大集经译者那连提耶舍在愿文出现的两年前（公元556年）抵达北齐邺城，而南岳一直与邺城存在关联。如果从南岳和耶舍之间有亲密关系来看，南岳被新传入的大集经所吸引，耶舍在邺城完成翻译之前南岳就已经知道了这部作品，那就说得通了"[36]。

然而《立誓愿文》中所谓的自著年谱中，并没有慧思去过邺城的痕迹，就更谈不上与耶舍的亲密关系了。当然慧思"初意，欲渡河（北）遍历诸禅师，（三十四岁时的河南兖州法难）中路值此恶毒困药，厌此言说，知其妨道，即持余命，还归信州（河南项城）[37]，不复渡河"，"又信州刺史复欲送启，将归邺郡，慧思意决不欲向北，心欲南行，即便舍众，渡（淮水）向淮南山中停住。从年二十至三十八，恒在河南习学大乘"。同年，北齐文宣帝发出敕命"国内一切禅师入台供养"，"慧思自量，愚而无道德，不肯随敕方便舍避，渡淮南入山至年三十九。"此后，慧思一直生活在淮南一带。

那连提耶舍到达邺城是在公元556年，慧思"在光州城西观邑寺上，又讲摩诃衍义一遍"，遭遇法难；"在南定州，刺史请讲摩诃衍义一遍"，又遭到严重迫害。他以这些法难为契机，发愿制作金字经典，公元558年"于南光州光城都光城县齐光寺"，在完成金字经典之后借机写下了《立誓愿文》（大正46·787a—c）。

因此，慧思并没有从那连提耶舍那里直接听到三时说，山田龙城先生所说的与耶舍很亲近也不成立。不过的确像山田先生所说的那样，"中国佛教学者提出这种说法的情况，……圣典上没有的话，就不会随便说"。《立誓愿文》中，正法五百年、像法千年、末法万年的说法本身非常明确，也非常早，虽然也有质疑的声音认为"《立誓愿文》是伪造品"[38]，但那连提耶舍带来的新说，间接传达给了慧思的可能性也不是完全没有。当耶舍从西北印度千里迢迢来到邺城时，北齐都城的人们肯定会首先好奇地询问他西北印度的情况以及他来这里的动机。

针对这些问题，他应该回答了嚈哒人的入侵，尤其是其暴虐的国王米希拉古拉（公元502—543年）对佛教的严重破坏，世界早已进入末法时代[39]，《大集经》月藏分等经书对这些情况已经做出过预言，等等。这条新消息，可能经由当时与慧思一样"游历诸禅师"的云游僧人，或者通过通信等其他传达手段，传达给了慧思。虽然现在已无法确定其传播路径，但我更关注的是这种传播的惊人速度，以及对其进行接受的敏感程度。

嚈哒对于佛教的破坏，使西北印度出现了末法思想，云游僧人把这种思想带到了邺城，还未完成对经典翻译之前，几乎顷刻之间就传到了遥远的淮水以南的光城（河南省光山县附近），并作为新思想出现在了慧思的文章中。至少在包括慧思在内的一部分云游僧人之中，末法思想随即引发了共鸣，因为在当时已经具备了对这种思想进行吸收的基础。这种惊人的敏感摄取，反而说明了他们针对时代的危机意识是多么的深刻。

当时的华北地区，距离公元446年北魏太武帝灭佛已经过了一个多世纪，佛教得到了迅速发展与普及，从北魏到北齐的历代帝王也对佛教进行了信奉和保护[40]。就世俗国家权力与佛教之间的关系而言，从公元五世纪下半叶到公元六世纪上半叶，与西北印度比较起来，华北地区佛教徒的情况要好得多。因此，公元六世纪中叶，公元574年北周武帝灭佛之前，华北地区佛教徒所持有的危机意识并不是由国家权力所引发的。问题很明显在于当时动荡的社会状况。即针对以下问题，把相关危机感以及自我反省

进一步深化：以普度众生为使命的佛教，在当时的社会剧
变中如何才能完成其使命？无可救赎的悲惨众生直面着太
多残酷现实，在人们认识到佛教向来对其无可奈何的同
时，如果佛教界仍然维持以往的姿态，那么佛教是否会在
剧变的历史中丧矢其存在的意义？如此以往，世界是否将
真正陷入末法、无法的恶世等。

　　慧思对于上述问题进行了直接相关的发言，"年二十
（公元534年）见世无常，众生多死，……我为众生，
及为我身，求解脱故，发菩提心，立大誓愿"（本文第
214—215页），但这只是一种普遍说法。而慧思又在《立
誓愿文》中，借用了佛典的表达：

　　十方世界中，若有刀兵劫，国国相杀害，人民皆饥
馑，或现作猛将，降伏（即教化）使安和，五谷悉丰熟，
万民心安宁。或复方便化，作天龙神鬼，方便治恶王，及
其恶人民，遍历恶国土，随我本愿行，降伏一阐提，悉发
菩萨心。（大正46·791b）

　　从这种发愿可以推测慧思本人隐而不露的苦涩经历。
事实上，当我们对他所处时代的动荡加以思考时，就可以
在这些普遍且抽象的表达中感受到慧思的深刻体会。接下
来，我们把慧思放到这种动荡的时代背景中，对他的经历
进行追踪。

慧思的故乡，武津县（河南省上蔡县以东）所属的南予州州治悬瓠，也就是现在的河南省武津县以南的汝南县，是靠近梁国国境的北魏南部军事基地。公元508年慧思尚未出生，这里的城民白早生发起兵变杀了予州刺史司马悦，梁国军队借机进驻悬瓠，北魏将军邢峦奉命征讨，夺回了此地[41]。另外公元523年之前，慧思七八岁的时候，汝阳郡一带由于暴发洪水而陷入饥荒。这时太守辛穆上奏请求减轻租赋，"汝阳一郡，听以小绢为调"[42]。

公元523年开始爆发的六镇起义，致使整个河北陷入混乱，公元528年尔朱荣进军都城洛阳，引发了河阴惨剧，汝阳郡一带虽然没有直接遭受混乱，但北魏帝国的根基遭到动摇。公元528年，梁军北进。当时的予州刺史源子恭击退了逼近新蔡和南顿（河南项城以北）的梁军，将淮水以南的民众转移到淮北，南以淮水作为防御线。但是，为了躲避洛阳惨剧而逃亡到梁国的元颢，翌年即公元529年在梁军的支援下进军洛阳时，此时源子恭"不敢拒"，对洛阳的形势持观望态度[43]。可见慧思年幼时，其故乡的农村生活极不稳定，且常遭战祸波及。因此，在公元529年的混乱局面中，十五岁的慧思开始出家修行，这或许是为了躲避迫近的不安和混乱的社会局面。

此后，直到他二十岁的公元534年，"世无常，众生多死"的状况仍在持续。而当时得意扬扬进军洛阳的元颢等人，很快就在公元529年被尔朱荣军队击败身亡。第二年，也就是公元530年，尔朱荣被问罪诛杀，尔朱氏一党又在洛阳掀起了反对孝庄帝的报复浪潮。此时北魏帝国已经完全解体。

公元532年，曾经如此威猛的尔朱氏一党，与高欢在韩陵山一战败北后，几乎全军覆灭。公元534年，孝武帝从高欢控制的洛阳依靠宇文泰逃到长安，同年被宇文泰所杀，立孝静帝的高欢决定从洛阳迁都到邺城。听到唐突迁都的消息之后，华北地区陷入一片混乱，之后便过渡到以邺城为中心的东魏和以长安为中心的西魏之间的对决。当时二十岁的慧思，"我为众生，及为我身，求解脱故"，发了菩提心[44]。

此后的十多年时间里，慧思为寻求解脱，潜心于学习和修行。最终"名高嵩岭，行深伊洛，十年常诵，七载方等，九旬常坐，一时圆证"[45]。在以嵩山为中心"恒居林野经行修禅"的修行时代，恐怕慧思断绝了与世俗的交涉，嵩山脚下就是东西两魏在河南地区风起云涌的对抗，再加上陈庆之的梁军，三者之间不断厮杀，慧思一定是带着沉痛一直倾听着这一切。尤其公元538年，以堂塔伽蓝壮丽的威容而著称的洛阳在东西两魏的对抗中灰飞烟灭。当时的伽蓝佛教一贯"亲近国王、王子、大臣、官长"。听到这样的消息，二十四岁的慧思想必为其遭遇痛心疾首。

正如《法华经》安乐行品所说，"如来灭后于末法中"，"不亲近国王等安住菩萨行处及亲近处"之外别无他法，据此，慧思想必向着菩萨行者修行日益迈进。

　　因此，三十岁之后的慧思"九旬常坐，一时圆证"，在对自己的"摩诃衍义"确信之后，三十四岁在河南兖州（山东省兖州市以西）吐露了他的这种确信，此后便开始了约十年的法难。慧思三十四岁时，就是公元548年。前一年，即公元547年，被委托治理河南一带的河南大行台侯景叛离东魏，此后东西两魏、梁国以及侯景军队围绕此事产生纠葛，从河南到徐州一带陷入混乱。同年十一月，东魏军队于彭城打败了支援侯景的梁军，公元548年正月又于涡阳（安徽省蒙城县）击溃侯景，逼至寿春。在这次战斗中，梁军总大将萧渊明以下，被俘将帅二百余人，俘斩五万级，冻乏及溺死者无数，侯景的军队也同样，伴斩五万余人，据传溺死者甚至截断了涡水的水流[46]。如果算上东魏的损失，则更加凄惨。战乱终于平息之后，慧思来到距离战场不远的兖州"论义"。佛教徒应当如何应对这种悲惨的社会现状，或许可以认为正是慧思最为关心的事。

　　前面第三节中提到的慧思的"摩诃衍义"，我认为在当时的社会环境中，与佛教徒的姿态密切相关。

　　慧思在经历了当时的法难之后，"持余命"回到了故乡附近的信州（河南项城）。当时大概是公元549年。当时信州以西，从河南中部到南部，东西两魏持续开战，且梁国以侯景之乱为开端也进入了动乱期。公元550年，东魏更迭为北齐，邺城代替曾经的洛阳，佛教兴盛气息愈发高涨，但慧思并没有前往邺城，相反南下渡过了淮河。在这里，他也多次遭遇法难，最后来到了大苏山。据道宣认为，慧思为了躲避佛法尽灭的灾难，又听说南岳非常适合修行，便打算隐居南岳。公元554年，西魏攻陷江陵，梁国陷入混乱，慧思便移居大苏山。道宣又补充道，"其地陈齐边境，兵刃所冲，佛法云崩，五众离溃，其中英挺者，皆轻其生重其法，……相从跨险而到者，填聚山林"（大正50·563a）。道宣还说，五众离溃的动乱，正是佛法崩溃所导致的危机，正因为如此，其中的俊秀才与慧思一起致力于佛法的护持。

由此可见，慧思所持有的末法意识，与北魏末期以来的华北动乱以及公元548年爆发的梁末陈初动乱密切相关。社会的这种剧变正是慧思深切体会到末法之世的第一原因，而面对这种危机的同时，佛教界拘泥于以超脱的姿态讲经的趋势，非但不听取慧思所确信的实践性教说，还试图将其抹杀，这就是加强了慧思末法意识的第二个原因。就在这时，公元556年那连提耶舍远渡而来，提出了明确的末法思想的新学说，慧思听到这种学说之后，自然也就将其纳入了思想的根基之处。公元558年对末法思想的明确表达，对于慧思来说绝非为时过早，而是非常自然的事情。

六、结尾

以上，就是我针对旨在护法与普度众生的慧思，其强烈的实践愿力来源之处所进行的探讨。本文第三节提到，其最深处的思想根据在于，通过"我为众生，及为我身，求解脱故"的努力修行，来进行"一念明达"的禅定般若身证。但是，他为了普度众生而进行努力修行，最终通过身证而产生的新思想，在法论中无法得到一般僧侣的理解，且遭到了迫害。但这种遭遇反而使慧思更加坚定，并逐渐开始持续产生作为护法以及普度众生使者的愿力。无数众生正如上文所述，在动荡的历史洪流中堕入人间地狱，正是这种现实，催生了佛法尽灭末法之世的意识。慧思出于这种强烈意识，才对未来贤劫充满期待，愈加执着于护法。

当时的社会动荡，使无论华北或江南等地区，都在强烈要求自底层发起运动，促使现有的身份社会制度及贵族社会制度解体。当时的人间地狱场景，正是由旧身份社会解体的普遍呼声与新社会诞生的强烈期盼所共同描绘的。

华北地区的北魏贵族社会制度建立在人为因素之上，因此随着公元523年六镇起义引发广泛社会反响，该社会制度的解体也在迅速推进。公元534年，北魏分裂为东西两魏，当时的时代重心也开始转移到新社会的诞生。在同时期的南朝，类似的底层运动自公元五世纪起便已开始活跃起来。但南朝贵族社会建立于相比更加自然的因素之上，因此针对这些运动采取了较为灵活的应对方式，使得梁武帝统治下的公元六世纪前半叶，相关运动并未通过极端形式来表面化，而是以公元548年爆发的侯景之乱为契机促成变革[47]。

从慧思在嵩山修行的时代开始，经过以兖州为首的说法法难时期，一直到淮南大苏山护法时代的全过程来看，凑巧的是，他一直在上述底层运动爆发地点的附近地区移动。在此期间，相关运动所爆发出的能量，随之所造成的惨状，以及目睹这一切的慧思所发出的愿力，似乎存在着某种关联。这种关联对于慧思来说，得以确认对构成人性共同基础的如来藏自性清净心，产生坚定的信赖，并产生了对于达成全体人类共同觉醒的强烈热情，与此同时，对建立在这种坚定与热情之上的"我"的觉醒进行了引导。可以说，这正是新人类的确定和发现。而且，这一过程与末法意识密不可分，所以我们不得不想到，当时产生这种新人类的社会变革是多么的深刻。

为了对慧思进行充分理解，我们有必要了解慧思于陈国光大年间（公元567—568年）抵达南岳之后的活动。另外，虽然还有很多我们没有做出调查的问题，但目前我只想把问题限定在慧思开辟新佛教及新人类发现之路的能量源泉之上。

附记

自本文开始起草到这本书出版为止的时间里，梅弘理先生出版了其著作《慧思的生涯与业绩》（Paul Magnin, La vie et l'auvre de Huisi（515-577），les origines de La secte bouddhique chinoise du Tiantai, Paris, Ecole Francaise d'Extrême-Orient, 1979, Publications de l'EFEO., vol.CXVI）。

他的著作吸收了日本、中国以及欧美的诸多研究，博搜消化，以慧思所处的公元六世纪中国政治文化背景（第一章）及其相应时点中国佛教界的情况（第四章）为基础，在对道宣《续高僧传》慧思传以及其后资料中可以看到的慧思传进行比较探讨的同时，添加了详细的注解并且翻译了出来（第二章）。另一方面，他通过严谨的文献学程序对慧思著作的真伪进行了判定（第三章），并从认定为真实作品的《随自意三昧》《诸法无诤三昧法门》以及《法华经安乐行义》三部作品中提取了慧思的思想核心（第五章），对照分析《立誓愿文》，同时翻译了全文（第六章）。虽然正如L·哈维茨先生所指出，其中不乏翻译失误或不确切的措辞（T'oung Pao, LXVI, 4-5, 1980），但抛开这些瑕疵不论，梅弘理先生的著作可以说是对现有慧思研究进行批判性综合的一大杰作。因此，本文第三节所提到的有关慧思思想中心的部分，几乎画蛇添足。

但梅弘理先生的作品动摇本作品构成根基的部分，是

关于《立誓愿文》真伪的见解。他对注［9］所引用的惠
谷隆戒先生的伪作说进行了慎重的批判研究，最终，惠谷
先生将明确表达了末法思想的现行《立誓愿文》的开头部
分以及所谓自著年谱部分认定为伪作，并否认了《愿文》
整体的可靠性的观点，被批判为过于轻率，通过对现行
《大正藏》本（卷六十四）《立誓愿文》第778c末尾两行
到第789a第十四行，与收录于《续藏》一辑二编四套一册
的《天台智者大师发愿文》进行比较，认定了慧思亲手所
著的《愿文》原作部分，并认为原作《愿文》中的几个要
素由慧思的一名忠实弟子所附加。也就是说，慧思的自传
部分，是为了表现师父所承受的侮辱达到了《法华经》和
《般若经》的伟大境界而附加上去的（在当时，应该可以
利用现已遗失的智颛的《南岳思禅师传》）。另外在慧思
愿文中，该弟子不着"移入当时佛教界弥勒信仰、阿弥陀
信仰以及正像末三时说的庞大壁画中"的想法，在开头部
分对慧思进行了宇宙规模之中的定位，并且写下了慧思与
弥勒别无二致的偈文（本文第二节引用了其中一部分），
外加与阿弥陀佛四十八愿类似的誓愿部分，都可以很好地
进行说明。"慧思针对弥勒及阿弥陀的信仰，确实已得到
了道宣的证明（大正50·562c第21—22行），但无论慧
思如何狂热，都无法与弥勒抑或阿弥陀完全一体化。这名
忠实的弟子完全没有扭曲师父的思想与作品的本意，他认
为有必要对师父原作《愿文》添加这些要素的想法，对于

我们来说同样具有说服力。于是这名弟子强调了师父慧思在遗忘且否定佛法的人世中以护法者为己任，通过将慧思与弥勒、阿弥陀进行一体化，加强了师父给人留下的感情纯粹的印象，传达了师父在佛法之中受益最多的热情。这些附加部分并没有扭曲慧思的思想，而是对其进行了夸大。"（梅弘理上述著作第111—112页）。

或许是这样。这样的理解，对于我们近代人来说，确实可能更"有说服力"，更合理。另外，根据陈寅恪先生在本文注［9］的介绍，《立誓愿文》自著年谱中历史知识和地名表记的正确性，如果不是同时代的人是不可能达到的，并据此判定为慧思真作。但是，根据梅弘理先生的观点，该部分是由某一忠实弟子添加上去的，或者对大苏山时代直系弟子智颛的《南岳思禅师传》的内容加以利用，这样或许就处于陈寅恪先生所说的同时代人允许范围之内了。不过，就算暂且搁置开头部分和自著年谱部分，在愿文长篇全体中，如果一名忠实的弟子，从梅弘理先生认定为原作的前记个别部分开始扩大替换为"我慧思"，那么只能说做得非常完美。如果不是原作遗留较多，就不可能实现这种程度的扩散。

实际上梅弘理先生本人也在其著作的第三章提示了上述这种"假说"，第五章描述完慧思思想之后，在第六章中正面处理《立誓愿文》的时候，可以看出该"假说"的一部分在其中微妙地摇摆不定。即，开头部分和自著年谱部分为之后附加的说法，在这里也得到了坚持，但关于未来贤劫成佛的慧思与弥勒佛之间完全类似的愿文部分（大正46·789c第7行至790c第7行），梅弘理发出疑问："这里是为提升慧思精神神秘感（exaltation mystique）的形式吗？或者反过来说，应该确认该弟子在这里将师父神化（déification）呢？"在这里我们暂且保留这个问题，无论"虽然存在像这样的几个异常之处，但不足以构成愿文并非来自慧思笔下的理由"，还是《随自意三昧》《诸法无诤三昧法门》以及《法华经安乐行义》文中展示出与《愿文》完全相同的宗教热情，如果对《愿文》的主题进行分析，就可以看出这些著作的思想存在共通（上述著作第193页）。在他的"假说"阶段中，《愿文》本身就认可了"弟子将师父神格化"，但在这里可以看出"假说"发生了一些后退。在这里我反而感受到了"提升慧思精神神秘感"，并把如何实现这种提升作为问题，开始草拟本文。

另外，我想在这里补充一句，虽然梅弘理先生在日本的成就涉猎范围之广令人感到惊讶，遗憾的是我忽略了本文注［36］所引用山田龙城先生的论文，因此并没有对那连提耶舍到达业城与《立誓愿文》三时论的关系，或者与慧思接纳末法思想之间的关系问题进行深入考察。正如本文第247—248页所进行的概括，惠谷隆戒先生关于《立誓愿文》伪作说的主要论据为，"正法五百年、像法千年、末法万年的说法，虽然只在大集经月藏分中有所记载，但在那连提耶舍翻译月藏分（公元566年）的八年前就出现在《立誓愿文》中，非常的不自然"（注［9］惠谷论文第214页）。不过，伪作说于昭和三十三年在《印度学佛教学研究》杂志上发表的两年之前，该杂志就已经发表了山田龙城先生的论文。正如本文第245—246页所引用，山田先生认为，虽然《大集经》的翻译比《立誓愿文》晚了八年，但在完成翻译之前，慧思便已经听到了那连提耶舍传入的三时说。因此，惠谷先生的《立誓愿文》伪作说，主要以《大集经》月藏分的翻译年份进行比较为论据，而山田先生的观点削弱了伪作说的说服力。在日本，后来的慧思研究者便开始不太在意惠谷先生的伪作说，经常引用《立誓愿文》，注［9］所列举小林泰善先生就认为惠谷先生的论据"不构成伪撰的决定性理由"。

在这里，我也按照日本学术界的这种倾向将立誓文视为慧思的真作，并站在认可其"提升神秘感"的立场上进行本文写作。如果像小林泰善先生那样对《立誓愿文》分为几个阶段进行考察，也许整合性更好，这一点暂且不论，如果从提升慧思精神的立场来看，《愿文》也会变得更加连贯。把上文提到的自著年谱部分理解为慧思自述发愿动机的话，也就更容易理解了。但问题恰恰出在开头部分。梅弘理先生与惠谷先生不同，他认可慧思持有末法思想，但他倾向于弟子加工说的原因归根结底在于，慧思自身针对三时的划分"无法专注于详细计算（calculs precis）"，这种计算与慧思真作所表达的思想之间没有关联，而且愿文本身就已经脱离了伦理展开（梅弘理上述著作第193页）。这一观点值得我们思考，不过末法思想与慧思的思想密不可分，慧思本人充分具备积极接纳三时说的基础条件，本文已做出了详细说明。

　　无论如何，关于《立誓愿文》的真伪批判，与惠谷说、陈寅恪说的阶段相比，梅弘理观点的出现使这一问题成为更加微妙的、对慧思精神进行内在理解的问题。本文对这种内在理解或者说"解释的方法"（见注［9］）之一进行了展示，如果说本文确实具有某种意义，那么也无外乎在于这一点。此外，我在法国逗留期间，接触到梅弘理先生的著作之后，便以《关于慧思的思想》（"A propos de la pensée de Huisi"）为题写出文章寄往《德米埃维尔先生追思论文集》[*Bulletin de l'Ecole Francaise d'Extrême-Orient, LXIX, A la mémoire de Paul Demiéville（1894-1979）*, Paris. 1981]。该文章与本文存在关联，虽然有很多重复之处，如果能一并进行参考将不胜荣幸。

注

[１]　冢本善隆：《出现在龙门石窟的北魏佛教》，收录于《冢本善隆著作集》第2卷，第458页。

[２]　冢本善隆：《北周的废佛》，同上，第467页前后。

[３]　冢本善隆：《魏书释老志的研究》，佛教文化研究所出版部，第64—65页。

[４]　《续高僧传》卷十七，释慧思传论"自江东佛法弘重义门，至于禅法，盖蔑如也"（大正50·563c—564a）。

[５]　横超慧日：《中国佛教中大乘思想的兴起》，收录于《中国佛教的研究》第一所。

[６]　请参照注［３］解说篇。

[７]　慧思的出生年份根据《立誓愿文》（大正46·787a）记载，卒年根据《续高僧传》（大正50·563c）记载。

[８]　关于我所了解到的各项研究，以下均针对本文涉及的内容进行了标注，但作为最近的研究来说，大野荣人《南岳慧思的末法思想》（《东海佛教》十九辑，昭和四十九年），对以往各项研究进行了最好的整理。另外请参考附记中梅弘理先生的近期研究。

[９]　惠谷隆戒《南岳慧思的立誓愿文是否系伪造》（《印度学佛教学研究》六卷二号，昭和三十二年），提出了愿文前半部分的末法部分是否系伪造的问题，但在惠谷先生之前，陈寅恪先生在《南岳大师立誓愿文跋》（收录于《陈寅恪先生论文集》及《陈寅恪先生文史论集》上卷）中，通过考证认为愿文前半部分提到的年代与地名，如果不是当时的人则无法书写如此准确，将其认定为中国最早的

"自著年谱"之一，对伪造说进行了否定。

另外，小林泰善先生在《有关南岳慧思立誓愿文形成的问题》（《印度学佛教学研究》二十四卷一号，昭和五十年）中，对《愿文》自身的形成阶段进行了分析，认为相关内容确实出自慧思笔下，且《愿文》中的末法思想也出自慧思本人。针对惠谷先生所提出的疑点，小林先生认为"不构成伪撰的决定性理由"，通过进行解释，应该已得到解决。该解释将在下文第五节提及，在此姑且作为慧思真迹处理。请参考附记。

［10］ 结城令闻：《中国佛教中末法思想的兴起》，《东方学报·东京》六册，昭和十一年。

［11］ 参见注［9］所引用的陈寅恪论文。

［12］ 根据关口慈光《敦煌出土最妙胜定经》（《净土学》二二·二三合辑，昭和五年），阅读该作品可以帮助我们理解《妙胜定经》。

［13］ 横超慧日：《南岳慧思的法华三昧》，收录于《宫本正尊教授还历纪念印度学佛教学论集》，昭和二十九年，第381页；《法华思想之研究》，第270页。

［14］ 《摩诃止观》卷一，大正46·1b。

［15］ 注［13］论文第381—382页或《法华思想之研究》第270页。

［16］ 安藤俊雄：《慧思的法华思想——以与〈智度论〉的关系为中心》，收录于《山口博士还历纪念印度学佛教学论丛》，1955年，第235页。

〔17〕 同上第234页及其注2。

〔18〕 附记所提到的梅弘理先生在其著作的第32—33页，根据《立誓愿文》及《佛祖统纪》，认为该证悟时间"大约为公元539年左右"即慧思二十四岁的时候，但并没有确切的依据，我认为这一时间有些过早。根据灌顶在《隋天台智者大师别传》中的描述，"时有慧思禅师。……十年常诵。七载方等。九旬常坐。一时圆证"（大正50·191c）中可以看出，圆证时间为出家以来大约十七年，那么慧思证悟应该是在三十二岁的时候。

〔19〕 注〔13〕论文第38页或其著作第270页。

〔20〕 该著作的标题中的"无诤三昧"即以《智度论》为基础，已由安藤先生注3上述论文所指出，该著作可视为慧思的《智度论》解释。

〔21〕 "无相行"这个词，同样基于《智度论》的"无相三昧"，这一点已由安藤先生于上述论文第241页中指出。

〔22〕 所谓"妙觉湛然性"的"湛然性"，即后面"菩萨大慈悲，具足一乘行，湛深如来藏，毕竟无衰老，是名摩诃衍"中的"湛深如来藏"。而且这里的如来藏，根据《诸法无诤三昧法门》卷上（大正46·628a）中的"复次欲望坐禅时，应先观身本，身本者如来藏也，亦名自性清净心，是名真实心……"，也称为自性清净心。

〔23〕 浦井公敏《论南岳慧思之法难》（收录于《和田博士古稀纪念东洋史论丛》，昭和三十六年）认为，慧思法难的原因在于与成实系教学的对决，所谓的"恶论师"是一部分成实之徒。不过，就像横超先生和安藤先生所理解的那样，我认为应该是与包括了更广

泛领域在内当时的佛教界之间的对决。

［24］ 柳田圣山：《达摩禅及其背景》，收录于横超慧日编《北魏佛教研究》，第175页。

［25］ 柳田圣山：《初期禅宗史书研究》，禅文化研究所报告第一册，昭和四十二年，第438—443页。

［26］ 《陈寅恪先生论文集》，第260—262页。

［27］ 柳田圣山：《中国禅宗史》，筑摩书房，讲座《禅》第三卷，第14页。

［28］ 关口真大《禅宗与天台宗的交涉》（《大正大学研究纪要》四十四辑，昭和三十四年）以及《达摩研究》第五章（岩波书店，昭和四十二年）等关口先生诸论文参照。

［29］ 安藤俊雄：《北魏涅槃学的传统与初期四论师》，收录于横超慧日编《北魏佛教研究》，第190页。

［30］ 同上，第191页。

［31］ Paul Demiéville. Le bouddhisme et la guerre, clans son Choix d'etudes bouddhiques. Leiden，1973，P.292。

［32］ 冢本善隆：《北魏的佛教匪》，收录于《冢本善隆著作集》第三卷。

［33］ 矢吹庆辉：《三阶教研究》。

［34］ 德米埃维尔教授在为雷诺多将军的著作《日本僧兵的历史》作后记时所撰写的注［31］论文中，列举了许多与杀生戒相矛盾的事例和思考方式。此外，我们日莲的《立正安国论》（岩波·日本古典文学体系82的《日莲集》第309—311页）和《开目抄》（同

上，第407页）经常引用《涅槃经》，作为其强烈的调伏思想的依据。与慧思的依据相同。

另外，虽然与所谓护法的立场不同，但德米埃维尔教授引用了《临济录》中的名言"逢著便杀。逢佛杀佛，逢祖杀祖，……逢父母杀父母，逢亲眷杀亲眷，始得解脱。不与物拘，透脱自在"（岩波文库本第66页），并指出这种思考方式是"所有价值的颠倒"（注[31]所引用著作，第279页）。禅宗方面，同样也发展为这种激进的表达。

[35]　激进的调伏思想自然始终作为思想来进行表达，而日常生活中，慧思极为严格地遵守了杀生戒。道宣在《续高僧传》慧思传末尾（大正50·564a）中提到："至如缯纩皮革，多由损生，故其徒属服章，率加以布，寒则艾纳，用犯风霜，自佛法东流，几六百载，惟斯南岳，慈行可归……（慧）思所独断，高遵圣检。"作为戒律学者，道宣同样对慧思给予了至高评价。

[36]　山田龙城《关于末法思想——大集经的成立问题》（《印度学佛学研究》四卷二号，昭和三十一年）第54—55页。之后收录在《大乘佛教成立论序说》（平乐寺书店，1959年）第581—582页。

[37]　《隋书》地理志（中）"淮阳郡，项城"的注记，"东魏置扬州及丹阳郡秣陵县。梁改曰殷州，东魏又改曰北扬州，后齐改曰信州"。因此信州在《魏书》地形志中没有记载，北齐把信州设在项城。

[38]　参见惠谷先生注[9]论文。

[39]　参照上述山田龙城著作。还有，《大集经》卷五十六

月藏分第十二·法灭尽品（大正13·379c）中"今我涅槃后。正法五百年。住在于世间……像法住于世。限满一千年……"的预言。

　　［40］　参照注［3］所引用冢本先生的著作，及诹访义纯《高欢高澄的奉佛事情以及对儒教道教的态度》（《大谷学报》四十二卷二号，昭和三十七年），《北齐文宣帝及其佛教信仰》（同上，四十五卷二号，昭和四十一年），《北斋末的政情与帝室的佛教政策》（《大谷高等学校研究纪要》第5号，1967年）等。

　　［41］　参照《魏书》卷八世宗本纪永平元年条，以及同卷三十七司马悦传、同卷六十五邢峦传。

　　［42］　《魏书》卷四十五，辛穆传。

　　［43］　《魏书》卷四十一，源子恭传。

　　［44］　结城令闻《南岳天台与四安乐行》（《东方宗教》第6号，1954年）中也有相关指出。

　　［45］　灌顶：《隋天台智者大师别传》（大正50·191c）。文中所提到的嵩岭和伊洛原本不过是比喻修辞而已，使用与慧思关系密切的山河之名进行比喻，比全无关系的名称更有效果。但实际上，根据道宣在《续高僧传》（大正50·563a）中的记载，慧思开悟之后南行，"背此嵩阳，领徒南逝"。而开悟之前，道宣认为慧思便身处嵩山南麓一带。

　　［46］　《北史》卷五魏本纪·武定六年条，《魏书》卷十二，孝静本纪·武定五年、六年条。

　　［47］　关于该时代的以上理解，请参考拙著《中国历史3·魏晋南北朝》（讲谈社，1974年）。

六朝贵族社会与中国中世史*

一、问题的所在

首先，我认为有必要明确在六朝贵族社会的情况下，贵族社会是什么意思。这不仅是指由当时的上层贵族所组成的贵族社交界，所谓贵族社会，还包括他们当时对整个社会持有主导权的体制本身。因此，问题自然也与政治体制相关联，从政治角度来看，则表现为贵族政治。

贵族政治正如内藤湖南博士所说，"六朝至唐朝中世为最鼎盛时期"，并且"这一时代的中国贵族，是作为地方名望家族从永续关系中自然产生的，而并非出于制度原

---

* 编注：本篇刊登于《史窗》二十一（1962年）。另外本篇所参考作者的各类观点均收录于岩波书店出版的《六朝贵族制社会的研究》（1982年）。

因由天子向其赐予领土和人民"，"当时的政治可以说是由（这种）贵族全体所占有的"（《东洋文化史研究》所收《概括性的唐宋时代观》）。宫崎市定博士的《九品官人法的研究》一书更加详细地从制度上阐明了"政治由贵族全体占有"的状态。

如上所述，贵族全面占有政治，贵族持有全体社会的主导权，即贵族制。贵族制从六朝开始至唐朝中期为最鼎盛时期，从公元三世纪初到九世纪末的约七百年时间，从贵族制观点来看，向我们展示了针对一种连贯时代进行统一理解的可能性。实际上，内藤博士等认为该时代是中国史上的中世，学术界把这一立场称为京都学派。

然而京都学派的观点存在一个重要的难点，至今还未得以充分阐明。即，在贵族群体垄断政治的时代，像隋唐这样强大的统一帝国如何得以成立，在社会结构上令人无法理解。唐朝的所谓律令体制以中央集权为表现，包含科举制、均田制、府兵制等政治体制，该制度的基本原理与贵族特权体制无法相容。

该体制与贵族制之间的关系应如何理解，贵族制与律令体制一同并存的隋唐帝国如何得以成立，贵族与普通民众在其中发挥了怎样的作用等问题，尚未得以解决。而且，这一问题直接与以下问题相关联。即，具备统一帝国表现形式的隋唐帝国与同样作为统一帝国的古代秦汉帝国，在体制结构上有何差异。

　　前田直典先生的论文《东亚古代的终结》（收录于
《中国史的时代划分》，铃木·西嶋编），可以认为触及
了京都学派的上述难点。根据京都学派的观点，古代和中
世之间的差别并不明显，尤其秦汉帝国与隋唐帝国之间，
并不存在可以进行清晰阐明的差异，前田先生以及持有这
一观点的人士（学术界称之为历研派）认为，秦汉帝国与
隋唐帝国的结构大致相同。历研派认为，与贵族制相比，
隋唐帝国的重点在于律令体制，并在此基础上引入了奴隶
制概念，他们认为无论秦汉帝国还是隋唐帝国都是建立在
这种奴隶制之上的古代专制国家。因此，他们认为唐末是
中国古代的终点，对中国历史持有完全不同的理解方式。

　　但是在秦汉帝国和隋唐帝国之间，六朝贵族社会从公
元三世纪到六世纪的三百多年时间中未曾出现专制统一，
这一分裂与抗争的时代为何持续如此之久，上述观点无法
做出解答。六朝贵族社会，以及隋唐帝国律令体制与贵
族制之间的关系问题，是上述两种观点的争议点，同时，
在系统化理解中国历史整体的角度，也是目前最重要的课
题之一。我采纳了京都学派的观点，从贵族制的角度对公
元三世纪初到九世纪末为止的约七百年时间进行挖掘，确
实是一种行之有效的方法，所以姑且站在京都学派的立场
上，把这一时代称为中世。

二、贵族与军阀

以上所指中世的七百多年时间，并不能单纯作为贵族社会的生成、发展并没落的过程来进行把握。这一处理方式虽然可以对隋唐帝国的相关问题进行直接了解，但使贵族社会的存在方式复杂化的因素之中还存在一种不可忽视的要素——军队。

实际上，在这七百多年的大部分时间都处于国内分裂和军队抗争的时代。自公元589年隋灭掉南朝的最后一个王朝——大陈王朝，到唐朝前期公元755年安禄山叛乱的约一百五十年时间里，虽然相对保持了统一，但其间也掺杂着隋末唐初大起义，以及武则天篡权等事件。在这种长期武力对抗的时代中，军队的力量对于政治权力所起到的作用不容忽视。以往说起军阀多指清末民国初期，以及安禄山之后的唐末五代藩镇（日野开三郎先生的《中国中世的军阀》仅处理为藩镇），但是由具有都督某州诸军事头衔的将军所领导的地方军事力量，禁卫军抑或首府警备军的动向，自中世初期的魏晋时代起就已经在政治史上起到了至关重要的作用。也就是说，作为地方民政官的刺史大多拥有本州的军队指挥权，而且其指挥权涉及若干个州的情况也不在少数。从政治体制的原本目的来看，这些来自中央政府的派出机关理应由政府所掌握，但实际情况是州刺史兼都督诸军事同时掌握了地方的民政与军政，包含着独立于中央的倾向。在六朝时代频繁的王朝交替和各王朝内部的混乱局面中，这些地方军事力量——被称为"方镇"——扮演了重要角色。

上述为期约一百十五年的隋唐盛世消除了方镇的重要地位，取而代之的是一种采用全国征兵制的府兵制。但由于安禄山等节度使——"藩镇"跋扈现象的产生，使独立军队相互对立的时代再次来临。也就是说，中世前期的都督方镇以及后期节度使藩镇的强大地方军团，在相应时代中起到了至关重要的作用。而其间出现的府兵制在上述两者的关联中所处的历史地位，也需要进行重新探讨。

即，通过政治社会史观点来对中世贵族制问题乃至中国普通中世史进行理解的情况下，方镇以及藩镇作为与贵族制交织在一起，并决定了贵族制存在状态的重要因素，需要单独进行设定。实际上，这种具有潜在独立倾向的军团长期以来的强大状态，除宋朝之后的近世蒙古时代以外，自古代秦汉时期开始就是中世时期的独特现象。当然，军队在战乱时期扮演重要角色的道理不言而喻，大概不必特意指出。长年战乱原本就是中世时期的基本特征之一，而导致反复分裂与对抗的原因，恰恰就在于当时的军队构成，以及军队与权力结构之间的普遍关系。

如上所述，我认为，中国的中世史的成立，需要建立在贵族与军阀两大前提之上。中世史不能单纯地理解为贵族制。贵族制与作为另一大因素的军阀，两者之间相互作用的种种表现与发展，共同组成了中世史。但中国中世史还需要把另一重要因素纳入考察范围。这就是上演中世史的大舞台，也就是空间因素，南方（大致为淮河以南地区）和北方地区在相同的时间范围内，贵族与军阀的存在方式表现出了各种差异，两者之间的相互作用也各不相同。具备以上要素及舞台的中世时期作为一场剧目，至少包括三个章节。第一章从公元三世纪开始，经过四世纪初向江南地区的迁移，以六世纪中叶梁国的灭亡告终。第二章以北方地区作为主舞台，时代再次回溯到公元四世纪的混沌状态，经由北魏时期，止于隋唐盛世。第三章以公元755年安禄山叛乱为开端，奏响了宏大的中世送葬曲，中世史尔后剧终。

粗枝大叶地来讲，中世史第一章以贵族为主角，军阀为配角。六朝贵族社会便是建立在这种典型形态之上。然而这里的贵族被新兴武人阶层取代之后，才开始正式拉开序幕。第二章以北族系军阀获得优势开场，贵族不断受到威胁，但最终这两大主角却形成了相互依存的关系，共同发展，并逐渐受到新兴阶级的压迫。第三章，新兴阶级出身的军阀开始走上历史舞台，而此前的贵族阶层则走上了覆灭道路。

以上是我对贵族和军阀两大中国中世史主角所做出的总结。但是在西方和日本的中世时期，中世封建贵族则是作为武人阶层的封建领主。贵族和武人并非必然对立。但中国的中世贵族在本质上具有浓厚的文化阶层色彩，以第一章中作为主角的魏晋南朝贵族为典型代表。我想把他们作为六朝贵族社会本质的一面来进行展示，下文将对此加以考察。

三、魏晋南朝贵族社会的特性与结构

有一本书刻画出了中世时期第一章主角贵族社会的特性，即《世说新语》，作者为刘宋皇室成员刘义庆（公元403—444年）。

但实际上这本书并非出自刘义庆本人笔下，而是由其幕下的诸多文学家对当时所流传的民间传说进行收集编纂而成，刘义庆在这一过程中仅仅担任了监修者。这书对这些民间传说的性质进行了传达，并且表现了相关人物的当下心情等，宇都宫清吉博士在他的论文《〈世说新语〉的时代》（收录于《汉代社会经济史研究》）中表示，这本书对于相关内容的描述栩栩如生。该著作通过生动的对话或批判，集合了当时贵族名流的行为、教养、人格等方面内容，并对当时贵族社交界的喜好与价值取向进行了极佳的展示。书中大加赞赏的内容包括认知的敏锐、人格修养的广度以及高度、感受能力方面的细腻、对真理进行体会的深度，或者探索真理的热情等品格，总的来说经常提出作为高级文化阶层的资格问题。这说明魏晋贵族社会充满了严格的批判精神，以及对于文化价值的孜孜追求。

那么这种批判精神来源于何处呢？关于这个问题，可以从《世说新语》一书中进行观察，其中有一点值得我们

关注。那就是，《世说》中所出现的传说与人物，几乎都出自后汉末期所谓的清议徒，或者郑玄这一类学者。

虽然书中也有此前的人物成为故事主人公的稀有案例，但故事的大部分都来自后汉末期之后，这说明对于编纂《世说》的宋初贵族社会而言，当时的贵族以及士大夫可以从对话中产生共鸣的人物，或者说可以感受到与自身处于同一层次的人，恰恰正是后汉末期清议徒之后的名士。这一点，可以引用自魏晋时期持续到南朝的贵族社会以后汉末期清议徒为中心的士大夫谱系来进行佐证（参照拙稿《关于中国中世贵族政治的成立》，收录于《史林》第三十三卷第四号）。另外，从后汉末清议徒对当时的政府所进行的猛烈批判，以及被称为汝南月旦评的人物批评盛行来看，可以认为他们所持有的批判精神体现在了《世说》的批判精神之中。当然，这些与《世说》中的批评之间同样存在诸多差异，不过仍然可以使人感受到贵族同志之间的大加赞赏、惺惺相惜。总之他们的人格、教养等方面经常暴露在世人面前，具有一种即使贵族子弟也不能安于现状的氛围。魏晋南朝战乱时代，作为文化阶层的贵族群体坚忍地生活在时代的洪流之中，而他们在这样的黑暗时代中却能够进行高度独立的文化创造的原因之一，恰恰在于这种由批判精神所支撑的贵族社会自我陶冶。

但如果这种批判精神是脱离社会整体仅仅局限于上流贵族的社交界之中，则必然只是一种绵薄之力。但事实

上，来自更低社会阶层的批判精神，同样在起到支持作
用。这里指的是，在当时所实行的九品中正制度中，官吏
候选人的选拔参照了各地方对于相关人选进行评价的品
等，即乡品。因为在当时，地方社会针对相关人选的评
价，可以反映出清议的存在程度（参照宫川尚志《六朝史
研究》）。也就是说，个人批评中所表现出的批判精神，
不仅仅局限于上层贵族的社交界之中，在地方士大夫阶层
中同样广泛存在。但随着贵族社会的固定，这种氛围也逐
渐消失，刘宋之后的贵族开始腐败堕落并逐渐走向没落
（详见拙稿《关于南朝贵族制没落的考察》，《东洋史研
究》第二十卷第四号）。

以上对魏晋南朝贵族在本质上的文化阶层特性进行了
说明，并从这些贵族在思想根基之处的批判精神出发，分
析了他们在战乱时代依然坚忍存续的原因之一。

但这固然只是一种表面原因。他们本人在担任都督、
将军的同时还能胜任统率军队的重任，这与当时的军队构
造具有关联。关于这一点，将在今后的研究中进行探讨。

一九六二年十一月二十一日

注

除本文所引用的文献外，还参照了作为日侨的冈崎文夫博士《魏晋南北朝通史》和《南北朝的社会经济制度》，以及滨口重国博士的诸多论文。相关文献详见九州大学东洋史研究室编《六朝隋唐政权研究便览稿》（1958年油印）等。

六朝贵族制[*]

一

所谓"贵族制"，是指由若干有限的家族所组成的政治体制，也就是由贵族垄断，通过家格高低来形成政治社会等级制度的社会体制。众所周知，在中国历史中的六朝时期，这种体制尤为突出。但是，如何明确其结构并在中国历史上对其进行清晰定位，却是一个非常困难的问题。

几年前，宫崎市定博士在其名著《九品官人法的研究》（1956年）中，对六朝官僚机构及其运行情况进行了还原，对于贵族制超越王朝交替的发展情况进行了精彩的

---

[*] 编注：本文刊登于《历史教育》12-5（1964年）。本篇所参考作者的各类观点均收录于岩波书店出版的《六朝贵族制社会的研究》（1982年）。

解析。即，贵族所掌握的官僚机构本身，与王朝交替几乎没有关联地存续发展下去，因此构成这些机构的贵族群体同样也超越了王朝的交替得以存续。

这表明贵族制建立在这种官僚体制之上。贵族制无疑是对六朝社会进行理解的关键。但也有观点指出，六朝时代"所有现象并非贵族制度所能杜绝的。而另一方面与之对立的君主权力依然存在"，"在应当出现封建制度的社会中，通过君主权力来采用贵族制这一特殊形态的思考方式或许才更接近真相"（上述著作第528页）。那么在这种情况下，君主权力是靠什么来进行支撑的呢？简而言之，是军事力量。王朝是通过掌握军队而建立的。但仅靠军事力量并不能统治国家。这时作为统治机构的官僚组织就不得不依赖于贵族所运作的官僚组织。在这种情况下，需要注意的是，掌握军事力量的不一定是贵族。西方和日本的中世时期，身为武人的封建领主就是贵族的情况，并不一定适用于六朝。在六朝的情景中，武人与贵族相对立的情况反而更多。因此关于六朝贵族制这一形态，在思考贵族制与军事力量之间关系的同时，还需要面对一个问题，即贵族制如此根深蒂固的官僚机构，在军事力量之外如何得以存在。

接下来，我将在牢记贵族制与军事力量之间关系的同时，首先从六朝贵族制成立的角度来思考第二个问题，即稳固的官僚机构的存在。

二

　　六朝贵族制的成立，自然是以汉朝以来得到发展的豪族势力为基础的。关于汉朝豪族的结构和发展，宇都官清吉博士已经在本刊第九卷第四号中进行了清晰的阐述。那么，在后汉末期的豪族之中，魏晋时代的贵族具体是如何产生的呢？关于这一问题，我曾做出过以下论述。即，魏晋贵族是直接从属于后汉末期的清流势力谱系，并且清流势力的结构以广泛的士大夫的舆论为背景，其代表人物以名士的形式被予以指定，由于这些代表人物之间互为友人、师徒等关系，因此可以称之为一种组织，然后由这种组织的代表衍生出魏晋贵族（《中国中世贵族政治的成立》，《史林》第三十三卷第四号）。之后，该观点受到了矢野主税先生（《门阀贵族系谱试论》，《古代学》第七卷第一期）和增渊龙夫先生（《关于后汉党锢事件的史评》，《一桥论丛》第四十四卷第六号）的批判，但我的观点基本没有改变。因为魏晋贵族并非由武人所构成，而是以知识分子、文化阶层为中心组成的。这些贵族独占了官僚机构，使超越王朝的永续成为可能，而不单纯出于他们是否与相应王朝合作，其中必然具有更加深层的原因。这种深层原因最重要的部分在于，魏晋贵族经过汉朝时期的发展逐渐形成了士大夫阶层（其中大部分为豪族），士大夫阶层以本阶层舆论为基础，形成了"清议"。我不认为这种研究方式会产生方向上的误导。为了深入研究这一

　　问题，反而应该在汉朝豪族与非豪族的问题之上，结合士大夫与非士大夫的视角来思考，在乡村地区成为知识阶层的士大夫为何最终如此优越。实际上，那些在本地仅仅拥有强大势力的无教养原住豪族，无法成为魏晋贵族。在汉末动乱时期，这些土豪曾率领自己的宗族以及其麾下的宾客、家兵组成军队，协助曹操取得了赫赫战功。李典、许褚等人就是其中的代表人物，他们的麾下有宗族宾客数千人。但在曹魏政权下，他们却未能成为贵族。

　　贵族社会与武人不同，贵族社会产生于作为知识分子的士大夫阶层。度过了似乎只能依靠武力的动乱期之后，看上去软弱无力的士大夫阶层为何能够拥有如此强大的势力，是一个值得深入研究的问题。不仅豪族的乡村统治，士大夫贵族的乡村统治也是有可能的，但更重要的在于是否有必要。不过我目前还没有做好回答这一问题的准备。在这里我只想指出，作为魏晋贵族母体的士大夫阶层，即知识阶级的重要性。

　　我认为汉末士大夫由清流势力发展为全士大夫团，但与这一观点大致相反的是，增渊先生既不认可浊流势力同时又批判了清流势力，他指出隐士知识阶级存在的重要性。之所以这么说，是因为从魏晋贵族的成立这一关注焦点来看，他所指出的这一点似乎非常具有启发性。正如上文所述，至少在曹魏政府统治下，奠定了其后贵族制时代地基的群体来自清流势力谱系，这一点恐怕没有错，但在魏晋交替时期开始抬头的贵族群体，其原本的特性相当不明确，我认为在对这一点进行理解时，他的观点非常具有参考价值。

例如，西晋至南朝时期成为一流贵族的琅邪王氏，其家族中首次在正史中得以立传的王祥作为二十四孝中的孝子之一而被后世大书特书。虽然王祥本人拥有定策功劳，但关于这一功劳的具体情况却没有记载，突然获得异常尊敬这一点，在政治上是非常暧昧的存在。这种政治特性不明确的人物的出现，在魏晋交替时期非常普遍。并且他们之中后来成为贵族的人也很多，那么我们必须使用某种方法找出他们开始得势的原因。当然，其中也存在他们是否与西晋王朝合作的因素。但假设其中有更深层的原因也并非无益。王祥本人至少在表面上并没有与晋朝充分合作。面对夺取魏国政权的晋王，据说王祥既不放弃三公的权威，也不行臣礼，只是长揖。王祥原本是"隐居三十余年，不应州郡之命"的人物，也是被人批评为"一在恰如不在"的隐士。在这一点上，王祥等人与增渊所指出的汉末隐士知识阶级具有相同的特性。我认为这是一件值得深思的事。

在汉末政界引起巨大震动的清议不顾党锢事件的镇压，持续存在于士大夫的舆论之中，汉帝国覆灭之后建立新政府时，清议中受到高度评价的人又重新站了起来。他们以九品官人法为开端，开辟了通往下一个贵族时代的基本路线。但是，汉末浊流政府的覆灭以及三国鼎立现状的存续，使以现实政治改革为目标的激进汉代清议的性质逐渐发生了变化。之后，以竹林七贤为代表的隐士性格为世人所称赞的时代渐渐到来。这种舆论动向自激进的清议横行的汉末开始，对此持批评态度并从属于隐士知识阶级谱系的人们开始浮上水面。隐士只要是隐士，就不应该进入政界。作为批判者，在野才是隐士。但在西晋时期，作为竹林七贤的山涛、王戎等隐士仍然活跃在政坛。

魏晋贵族的基础是汉朝形成的知识分子阶级士大夫阶层。汉末士大夫阶层分为激进的左派清议徒，以及批判性的右派隐士。起初，左派占据了压倒性优势。但不久之后，这种激进性开始与现实中军阀国家的要求相冲突，不得不进行修正。

这种修正表现为荀彧、崔琰等人的迅速倒台。这时，我们可以理解为右派势力开始逐渐抬头。这样一来，双方势力比重开始自左派向右派倾斜，而魏晋贵族制，通过知识阶层出身的贵族对官僚机构的独占运作，必然成为受到体制认可的社会体制。出于上述事由，文人优先这一特性也成为深层的不成文规定。接下来，我想试着从与军事力量之间的关系出发，探讨一下这种贵族制在其后的发展方向。

　　三

　　如上所述，这种文人贵族优先的贵族体制，在掌握军队的司马家族本身就具有贵族特性的晋代中，保持了最活跃的状态。在当时，军队由司马家族以及作为知识分子的贵族群体所掌握，武人完全无法翻身。这种情况随着外来者入侵所引起的动乱，被原封不动地移植到江南，以所谓的北来贵族群体为中心，一直维持到南朝。

　　关于这种从魏晋延续到南朝时期的贵族社会，《世说新语》最能体现其相关特性。

　　该著作编纂于南朝刘宋时期，通过生动的对话或批判，集合了当时贵族名流的行为、教养、人格等方面内容。书中的价值取向，总的说来在于高级文化群体的资质，清晰地展示了当时的贵族社会就是文化群体社会的现状。

　　但是这本书编纂于刘宋全盛时期、公元五世纪前半叶的事实，我认为极具暗示性。因为一般来讲，传说故事流传至今得到整理的情况，出于一种进行回顾或反省的需求，而公元五世纪前半叶正是这种贵族社会的反省期。在东晋末期的混乱中，平民出身的刘裕控制了北府军团进而建立了宋王朝，这是一种贵族社会动摇的预兆。在紧随其后的文帝统治，即所谓的元嘉之治中，出于贵族社会根深蒂固的传统以及对其予以承认的文帝政策，这种动摇似乎姑且风平浪静。但自从刘裕掌握军权开始，强大的军队都被刘裕家族中的诸王所掌控，贵族丧失了军队的直接控制权。虽然贵族占据了各军府中的长史、参军等职位具有间接影响力，但与晋代相比已然不可同日而语。一般认为，宋齐时代是贵族制的鼎盛时期，但由于体制的固定使其势力达到顶峰，从五世纪后半叶开始，贵族在与现实力量之间的关系中明显处于被动状态。最能证明这一点的就是与皇权紧密相连的恩幸的活跃。然而在此基础上，向来为贵族所蔑视的寒人阶层的实力开始普遍出现上涨，这与当时货币经济的发展密切相关，关于这一点我将在今后进行论证（《侯景之乱与南朝的货币经济》，《东方学报》第三十二）。贵族在军事以及经济层面逐渐丧失了势力，因此我们需要密切关注产生于贵族体制固定化根基之处的新兴阶层的实力上涨情况。事实上，贵族制在公元六世纪中叶的侯景之乱及其后的梁末陈初动乱中出现了崩溃。成立于公元三世纪并于四世纪初迁往江南地区、以知识分子优先的贵族制，在这里姑且画上了句号。但与上述贵族制在性质上稍有不同的贵族制，仍然存在于北方地区。接下来我们将对其进行考察。

四

西晋末期八王之乱所引起的混乱促进了异民族军队的活跃，与此同时，由于新兴异民族自北方入侵，中国北部地区开始步入所谓五胡十六国交替兴亡的极度混乱期。

这一时期，活跃在舞台前的是领导北方各部族的族长。这些掌握了军事力量的北方部族，拥有自身血缘上的部族制，这种制度在汉人社会支配华北地区的时期就已经发展到了一定程度。在这种情况下，北族系武士贵族的产生具备了必然性。这便是与南方知识分子优先的贵族制不同的一大特点。

一般来讲，部落制游牧民族安定于农耕生活的时候，似乎会出现向军事封建制过渡的倾向，但中国的情况是，横亘在其基础上的汉族社会，自汉朝以来已然发展出了独立的豪族社会。这种豪族社会自身拥有维持地方社会秩序的力量，尤其在魏晋时期，跻身中央政权的贵族群体拥有广泛的影响力。当然，在西晋末期至五胡十六国动乱期的高潮中，未能迁往江南避难的汉人贵族确实遭受了严重的损失。但在地方社会中，他们作为豪族所拥有的势力范围不会轻易土崩瓦解。相反，他们正是汉人在异民族征服之下的唯一依靠，并且在民众的支持下加强了土著性质，对其势力范围进行了极力巩固。针对异民族压倒性的军事力量，他们同样也拥有可以进行一定程度抵抗的军事实力。

这种土著性的根深蒂固，是北方汉人贵族的显著特性。但这种土著性存在于中央政权所排斥的范围之内。在异民族的压制以及相关兴亡反复交替的混乱状态中，曾经的汉人贵族，应该说反而倒向了地方豪族。即使北方部族的军事力量相当强大，但仅仅依靠军事力量无法统治国家，这与汉末的混乱情况相同。因此北族国家必须借助可以成为官僚的汉人豪族的力量来维护统治。这样一来，北族系军人贵族与土著性较强的汉人贵族，共同组成了北方的贵族制。但由于在民族背景以及利害关系方面存在差别，两者之间理所当然也存在对立。这种混合贵族制，在北魏统一中国北方许久之后的公元五世纪后半叶孝文帝时代，才开始出现形式上的整合。孝文帝的汉化政策，最终使用汉魏以来中国的传统政治方式对北族支配阶层进行了同化，通过知识阶层对政治方式进行了确认和奖励。因此，北族武人贵族也开始将中国文化教养作为必要因素，走上了知识分子化的基本路线。然而这并非一朝一夕所能达成，在其后的北齐时期，北人贵族与汉人贵族之间的对立仍然难以消除。

在考察北方贵族制的情况下，比上述北族与汉族之间的对立更需要注意的是，批判了贵族制门阀主义的贤才主义思想，在北方地区是一种强大的存在（谷川道雄先生《北魏官界的门阀主义与贤才主义》，《名古屋大学文学部十周年纪念论集》）。既成门阀以外可以成为官僚的阶层，很多都具有不可忽视的力量，同时在国家层面，通过向既成贵族之外的阶层吸收人才，可以获得更广泛的支持。并且这也预示着，为了将贵族以及更加广泛的新兴阶层一同吸收包含进来，早晚必须考虑某种方法。这种倾向在南朝梁武帝的统治方式中也有所体现。处于贵族制衰落期的南朝，已经开始以更加广泛阶层中的贤才为中心进行政治运作。南朝一定范围内的贵族产生了固定化，但北方地区不同，北方从一开始就考虑了任用更广泛阶层的贤才。这种倾向在后来开花结果产生了科举制。北朝贵族制就这样与其对立面的贤才主义并存。

　　而隋唐时期的科举制，则使贵族制成为原理上完全相反的体制。但从《唐书》的宰相世系表中可以看出，贵族制并未因此而消亡。贵族自汉魏以来拥有悠久的家世与传统，他们在蛮族入侵以及长年战乱中坚忍地存活了下来，并且保护了汉族的文化，因此今天他们拥有较为稳固的社会评价。自北朝末期开始频繁出现的"望族""郡望"等字眼，似乎表明当时的社会清晰地意识到了这种名望，即社会评价。六朝时期的贵族，成立于这种社会评价之上。其实不止北朝末期，自魏晋贵族成立之初，便建立在士大夫阶层之中的名声这样一种社会评价之上。

中国中世史研究中的立场与方法[*]

一、发展史观的内在问题

当我们对中国历史进行直接研究时所面临的最大课题，无疑在于对中国历史的发展进行系统性把握，并据此回答"何为中国"的问题。现如今我们把中国的"中世"作为问题进行讨论，同时也将相关的基本关注点作为基础，无非是希望真正从发展的角度来理解中国历史。一般

---

* 编注：本篇为中国中世史研究会编《中国中世史研究——六朝隋唐的社会与文化》（东海大学出版会，1970年）的总论之一。与谷川道雄联名发表，但实际执笔者为川胜，参见本书第323页。另外一篇总论为本篇第317页所提及的"以下论文"为宇都宫清吉的《对中国古代中世进行把握的视角之一》。另外本篇省略了各章个别论文的介绍部分。

认为，所谓的"中世"是指超越了古代世界、形成近代社
会直接母体的历史阶段。关于中国历史，将这种意义上的
中世作为问题予以提出，并不代表传统中国在古代阶段停
止了进步，而是建立在"中世"与"近代"的设想之上。
也就是说我们的立场在于，中国历史是一种在主动克服自
身各类矛盾的过程中发展进步的历史。

　　站在中国历史自身的发展角度来对其进行把握，无疑
与我们世界史格局的形成不无关系。对中国历史进行系统
性把握，与世界史的系统性把握紧密相连，"何为中国"
这一问题，无疑也就是在世界史中对中国历史进行定位的
问题。而且这一问题同时还与现实密切关联，即我们自身
的存在对于整个世界史发展历程的中心而言处于怎样的状
况之中。

　　世界史于二十世纪初才成为真正意义上的全球世界
史，正是我们今天所面临的状况。以欧洲资本主义列强称
霸帝国主义世界作为现实背景，通过以欧洲为中心的世界
史，或者欧洲向欧洲以外世界的扩张史来进行理解，正是
迄今为止世界史的主要方向。进入二十世纪之后直至第一
次世界大战，这种倾向依然相当强烈。在欧洲世界之外所
成立的美利坚合众国，当时虽然已经具备了主动推进世界
史的能力，但其本身却仍然是欧洲的延伸。第一次世界大
战之后欧洲以外世界爆发的社会主义革命取得了成功，第
二次世界大战之后其他欧洲以外世界中的社会主义革命开

始急速扩张。

以这些变革作为杠杆之一所引发的欧洲以外各民族的独立运动，意味着欧洲以外的世界突破了以往的被动地位，作为积极的历史主体参与到了世界史中。推动世界史的主体不再仅仅局限于欧洲，其重心转移到了欧洲以外，这说明世界史在真正意义上突破了以欧洲为中心的世界史。作为我们所研究课题的中国，现如今无疑也成了突破欧洲世界史最为有力的历史主体之一。

当今世界，推动了现实世界史的历史主体在持续发生剧变，也就是说世界史本身在发生结构变化，为了对历史进行系统性把握，我们不得不对以往所采用的视角进行深刻反省。如果以往的观点存在盲点，那么这些盲点存在于哪些地方，我们应该向着怎样的方向进行探索来开辟全新的可能性呢？

按照以往的普遍倾向，历史把握基准按照三分法分为古代、中世及近代，这是以欧洲史的发展作为模型所产生的结果，并利用其中所提取出的各类范畴对欧洲以外世界的历史进行理解。在中国史的问题上也是如此。

也就是说，欧洲史概念中古代、中世及近代各时期的相继发展同样存在于中国，并以此作为前提将标志性的奴隶制、农奴制及资本制生产等一般范畴应用于中国，换句话说，按照欧洲世界史基本法则来对中国史的发展进行理解的倾向相当强烈。这种倾向从战后一直持续到二十世纪五十年代，打破了同样从欧洲视角所提出的"亚洲停滞论"，使中国史在其自身发展的层面上开始具有了积极的姿态。在这里，世界史发展的基本法则并非脱离了欧洲的垄断，而是出于中国自身的原因进行了分割。这种姿态对日本国内的中国史研究产生了极大刺激，也因此而取得了众多研究成果。

然而与此同时，由于相关基本法则终究成立于自欧洲世界史中所提取的各类范畴之上，因此根据中国史自身发展所进行的重组研究，面临着极大困难。另外，人们逐渐开始意识到，上述各类范畴本身很难作为对中国史进行理解的有效标准，于是后来的研究开始转移到探索中国社会发展特殊、具体的固有逻辑的方向。

战后期间西嶋定生先生的研究方向，经过古代史研究领域增渊龙夫先生和滨口重国先生的批判所折射出的路径，被认为最能体现这种变化痕迹。于是，所谓从世界史的基本法则来对中国史进行系统化把握的尝试，在保留其基本态度的同时，将研究方向的重心转移到对中国史特殊具体逻辑的把握之上。

但是，在这一研究方向的转移中，最应该警惕的是，重视中国社会专制主义特性的观点再次走到台前。然而这一观点，在以世界史基本法则对中国史进行把握的积极姿态中，似乎也已经成为潜在倾向。之所以这么说，是因为这种姿态在与对中国逆境实践课题进行审视的态度相结合时，具有潜在问题。

这一包含实践热情的姿态，针对中国近代化的艰巨性及阻碍中国民众自由发展各类要素的顽固性，理应给予最大程度的关注。这里所说的"近代化"倾向于中国本土资本主义社会的形成，这一概念暂且不论，这种关注对于阻止近代化的诸多要素，尤其中国传统社会长期以来拔地而起的专制主义国家权力，即皇权统治，将进行放大。

而且在对这种专制主义国家权力的构造与机能进行阐明时，会过于强调其阻止民众自由发展的一面，也就是无法避免地倾向于排除其对民众进行支配的一面。最终将对中国专制主义的顽固性进行强调，并把专制主义作为基本特质，如此一来将无法真正突破"亚洲停滞论"。

诚然，在专制主义中寻找亚洲特质的意识存在于欧洲世界史的本质之中。费代里科·沙博认为，欧洲这一概念本身就是"由于存在非欧洲的内容，通过相互对比而形成的"，"其基础之中存在本质上的对抗性"。他还说，"对欧洲与非欧洲的内容——严格来说代表亚洲——首次进行对比的是希腊思想。在波希战争与亚历山大大帝时代期间，从习俗尤其是政治组织来看，与亚洲相对的欧洲具有重要意义。欧洲代表了与亚洲'专制主义'相对的'自由'精神。"[1]如此所形成的欧洲概念，就是通过与日耳曼的自由观念相结合，并反复从东方专制中区别自身所自觉形成的。可以说，欧洲概念如果没有包含亚洲专制主义的相反概念，则无法成立，而所谓的亚洲专制，则与欧洲概念自身的反面密不可分。在此基础上，欧洲的自由与进步、亚洲的专制与停滞，各自结合在一起。以上就是十八世纪从孟德斯鸠到伏尔泰自觉形成的观点，然而我们应该注意，使自由与进步、专制与停滞各自结合的契机之一便是与近代科学发展相对应的欧洲觉醒[2]。启蒙主义者所倡导的这种欧洲觉醒，进一步与政治自由主义及民主主义的自觉形成相关联，并与紧密结合科学技术的资本主义生产发展相结合，使欧洲世界史的基本线索在现实以及意识层面都得到了强有力的推动。

　　进步与停滞的对比，以及其各自对应的自由与专制之间的对比，无疑已经以欧洲近代作为基准。有近代的地方就有自由和进步；有近代化的困难，就必然伴随着专制与停滞。反之亦然，近代＝自由＝进步是所谓的同义反复，非近代＝专制＝停滞无疑也是相同的自我同一。这些将必然回归到欧洲概念，尤其其中的近代概念。

　　上文提到，战后日本的中国史研究领域所出现的一大倾向是，对于中国近代化艰巨性的关注。如果说可以在造成近代化困难的专制统治强烈程度的阐明中找到实践性课题，那么与欧洲观点相反，在中国史自身之中也可以找到遵循了世界史基本法则的发展。尽管对近代化的困难程度持有同情态度，但这一视角具有双重含义，仍然无法摆脱欧洲的束缚。双重含义是指，近代化中的"近代"概念，及其阻止因素"专制"观点，两者共同来自欧洲思维本质的内在视角。并且由于受制于"近代"概念，在这一阶段中难以自生的中国，不得不设定长期的古代乃至中世时代，因而又陷入无法摆脱"停滞"形象的结局。以自由=进步及紧密相连的"近代"作为起点，审视难以在"近代"自生的欧洲以外世界的历史时，无论怎样努力地用发展史观来看待，在逻辑上仍然无法完全摆脱非近代的停滞观。

那么，问题就在于"近代"观念，在于以"近代"作为内涵的欧洲观念。之前我们提到，当今的欧洲世界史现实已被超越，世界史正在发生巨大的结构变化。虽然"近代的超越"早已被预感，但对于"近代"本身的各类价值再次进行提问时，持续摸索"近代"所产生的新蜕变这一事态显而易见。在这里所谓的"变动期"中，欧洲以外世界的发展史或许可以打开以世界史新观点来进行把握的可能性。

对于中国史，我们也不必过分拘泥于"近代"概念。例如，新民主主义革命的成功以及其后中国的变动，有观点认为[3]，"与日本的近代化相比，更加彻底地成功实现了近代化"。"更加彻底地实现了近代化"是什么意思呢？

实际上，高度资本主义国家的青年所感知的"文化革命"问题，没有局限于反帝反封建斗争的框架中，而是超越了这一框架，为了对近代人的意识本身进行变革并且打破近代社会的僵局，而产生的全新革命方式。在这种情况下，"更加彻底地实现近代化"或许可以理解为超越近代、开辟新天地。而且"成功"与否暂且不论，这不仅仅出于反帝反封建斗争的"近代化"意图，同时也是为了超越"近代"的庞大实验。在这种意义上，我们不必把眼光局限于中国的"近代化"。究其原因，这里所说的"近代"概念，如上所述与欧洲的本质密切相连，而以"近代"这一欧洲形态作为基准，将会存在向中国寻求类似概念的误区[4]。或许可以说有必要从"超近代化"的视角来重新认识中国，而不仅仅局限于"近代化"。

因此，我们没有必要固执地以"近代"作为基准来思考中国史的古代以及中世时期。反而应该关注推动了中国史自身发展的主体因素，在其克服所包含各类矛盾的同时实现自我发展的过程中，对中国史自身的时代进行划分，与从中国史自身"中世"出发相反，有必要对中国"近代"的含义进行重新探讨。重新探讨的结果是，如果使用"近代"这种表达容易引发与欧洲近代概念的混淆，那么无妨使用"近世"这一概念。"古代""中世""近世"及"近代"，虽然原本只是没有特定内容规定的相对概念，但我们应该通过努力为之赋予内容规定，对中国史体系进行更加有效的重组，使其与世界史新体系联系在一起。

与此同时，我们不应该对中国社会的专制主义进行固定把握，而有必要关注从内部对其进行支撑，随着时代进步使其变质甚至产生超越现象的要素。与欧洲世界追求自由相同，中国人自古以来也在追求更加自由的生活，并且为了追求更加合理的制度来对此进行保障，中国人一直在进行锲而不舍的艰苦奋斗。当中国的近代化被置于视角中心时，中国人民近百年来的反帝反封建斗争就会被放大。

与之相比，近百年以前中国人民的奋斗在长期的停滞中似乎显得毫无价值。他们所追求的自由虽然与欧洲式的自由存在差异，但在其中寻找推动中国史的主体因素同样存在一定的可能性。这种视角或许才是避免在逻辑上与重视专制主义相结合的停滞论的有效途径。

二、共同体的自我发展与中国的中世

那么，我们应该从哪些方面寻找中国史的主体因素呢？此外，在这种因素的自我发展过程中，如何才能对六朝隋唐时代进行"中世"的设定呢？

我们一直希望从谷川所主张的"共同体"中寻找这种主体因素[5]。这里所说的"共同体"，无疑是指"无阶级的原始共同组织意义上的原始共产形态"，以及"这种原始共同形态的历史关联"，但相关概念不应该作为"共同体遗制"来进行把握。众所周知，以往的观点倾向于认为"共同体""包含于原始共同形态的历史关联中"，不仅如此，"最终由于其自身的内在必然性导致了阶级分化，但之后却转变为支撑自身阶级关系的基础或框架，并且导致各种生产模式的崩溃"[6]。阶级来自共同体，产生于这种内部矛盾。私有制与公有制、阶级制与共同制两个侧面的矛盾统一，是阶级社会中共同体的存在方式。不过一直以来，资本主义之前各种生产模式所占据的地位都被当作有待解决的问题，而到了近代资本主义社会，这种共同体被认为已经解体。立足于马克思和韦伯理论的大冢久雄先生的共同体理论，正是这种近代时期之前以"土地"作为物质基础的共同体的理论性研究。从这种角度来看，所谓的近代化将必然指向共同体的全面解体，因此对待共同体的态度只能倾向于将其视为"遗制"。

以"土地"为物质基础的共同体，确实崩溃于资本主义社会时期。但是，例如以民族为形式的近代国家或民族国家，是否可以将前近代社会中的共同体关系作为一种历史前提而成立呢？在这种意义上，我们也可以把近代国家视为一种共同体世界。

不过，这种共同体世界并非以"土地"等自然契机作为纽带，而是一种建立在自然契机解体基础上具有拟制幻想性质的存在，其实体则是从共同体连带关系中分离出来的公民个体之间的联合。从这种意义上来讲，它背离了人类固有的存在方式，是一种异化形态，但与此同时它又产生了克服异化的欲望、超越了自然契机，对更高层次的共同体结合方式进行了探索。"近代的超越"可以认为处于这种探索的方向之上，而资本主义社会也是如此，在共同体自我发展的思维框架中对其进行定位同样存在一定的可能性。这样来看，共同体也并非来自一种单纯倒退的"遗制"视角，反而具有一种可以积极向前对其进行把握的可能性。

如上所述，我们所认为的共同体产生于阶级关系，并对其进行支撑又对其进行否定，是一种具有超越性的历史主体要素。阶级来自共同体，由其内部矛盾而产生，因此共同体比阶级更具有历史性、逻辑性，以及根源性。共同体自我发展的结果，就是产生了与共同体原理不同的阶级原理。一定的历史共同体（包含国家在内）则是必然包含这两种矛盾原理从而得以成立的矛盾统一体。由于必然包含矛盾，因此将产生自我发展，并将可能成为历史主体要素。

从以上关于共同体的基本理解出发，"共同体自我发展"的观点可以使我们对中国史的发展及其"中世"时代进行怎样的思考呢？这无疑是一个巨大的问题，我们的观点还非常不成熟。甚至相反，在这种观点的方向上我们的工作才刚刚开始。本书以下所收录的各论，都是为了在这一方向上进行思考而对个别历史现象所进行的探索，是为此而进行的基础工作，可见离充分构筑的距离还很远。但是仍然要有一个大概的估计。

中国史的展开，首先可以认为以"部族共同体"或

"氏族共同体"为开端。两者围绕着同一个概念，然而关于是否可以认为以后者为主、应该怎样整合思考"氏族共同体"的构造及其自我发展过程，这些问题都有待古代史专家进行指教，本文将不再涉及。不过，"氏族共同体"自我发展的崩溃过程中形成秦汉古代帝国的问题，众所周知正是自1950年以来日本最为活跃的中国史研究领域之一。

积极参与该领域研究的宇都宫清吉先生，在以下论文中，将"氏族共同体"崩溃所产生的独立小农的社会存在形态作为"三族制家族"来进行把握，在其中发挥作用的共同体原理，一方面贯彻到当时作为众落的"里"之中，另一方面针对这种形态与自上对其进行支配的帝国国家权力之间的关系提出了问题。他还提出，"里"的秩序所产生的"豪族"成为超越古代帝国的原理，最终开辟了我们所说的"中世"，并将"豪族"作为贯穿其中的原因。他这次的论稿，加入了我们"中世"中所重视的北方异族要素观点以及相侯，对于从"古代"到"中世"的展开，具有他以往研究的总结意义。这些内容或许同样非常适合作为本书的总论。

从宇都宫先生的论稿中也可以看出，我们在将汉帝国即古代帝国的基础作为"里共同体"进行探索的方向上大体一致。"里共同体"是作为所谓血缘共同体的"氏族共同体"，在其崩溃过程中所产生的独立小农，经过重新组合而形成的共同体。在这里，地缘因素已经相当强大，然而是否可以像韦伯那样单纯地通过"血缘共同体"概念来对其进行解释，仍然是一个问题。

"里共同体"的中心是"父老"，虽然确实具有血缘领袖原理的体现，但实际上在很多情况下都被认为指的是人生经验最为丰富的年长者。作为"里共同体"自我发展所带来的矛盾的超越，接下来我们再来谈谈"豪族共同体"，这样符合我们的大致方向。正是这种"豪族共同体"形成了"中世"，我想把"豪族共同体"设定为推动中世发展的主体要素。

"豪族共同体"，是"里共同体"内部矛盾即在其发展中所产生的阶级分化，与共同体原理之间的激烈冲突得以超越之后，经过重新组合而产生的全新共同体。它产生于以独立小农均等关系为主的"里共同体"，是大土地所有者与小农之间尖锐的阶级对立得以超越之后经过重组所形成的共同体，出于两者之间原理上的矛盾，某些个人同时被选为家族首领。在当时，首领资格不仅仅局限于武力或财力等表面势力，在涉及共同体原理的政治、文化能力方面同样提出了更高的要求。这里有作为乡村"望"的豪族所成立的根据，同时这也是其成长为具有官僚性质的贵族的原因。与宋朝之后的官僚不同，我们所说的"中世"，对于官僚贵族具有较强自律性的原因，同样可以进行说明。

注

［1］　参照费代里科·沙博著：《欧洲的意义》，清水纯一译，SAIMARU出版社，1968年，第23—24页。

［2］　参照费代里科·沙博上述著作第四章。

［3］　重田德：《封建制的观点与明清社会》，《东洋史研究》第二十七卷第四号，1969年，第177页。

［4］　重田先生上述论文第176—177页，以下有关中国封建制的内容：

"并非以封建制欧洲或古典形态为基准向中国索求类似内容（假设世界史的发展具有共通性或基本法则并依次来进行索求，此举已被证明为徒劳之功。世界史的典型并非存在于某处，而是由各个民族的历史多样性所共同组成的），应该以现实的历史过程进行实践性体会以认清中国的实现形态，进而从中提取出封建制概念。"虽然可以理解他所说的内容，但是他所使用的"近代"乃至"近代化"的概念内容，使人不禁想要反问，他自身是否实现了与上述内容所要求的"提取封建制概念"相同的操作。关于重田的论文，请参阅本书（编注：《中国中世史研究》）第487页河地先生的附记以及谷川道雄《再论中国史研究的新课题》（预定刊登于《东洋史研究》28—1）。

［5］　参照谷川道雄：《一名东洋史研究者的现实与学问》，《为了新的历史学》第68号，1960年；《中国史研究的新课题》，《日本史研究》第94号，1967年；等。

［6］　大冢久雄：《共同体的基础理论》，收录于《大冢久雄著作集》第七卷，第7—8页。

关于重田氏的六朝封建制论批判[*]

一、争论的经过

《历史科学》第33号发表了重田德先生的《中国封建制研究的方向与方法——六朝封建制论的一项探讨》，此次被本刊再次引用，本刊编辑为了使中国封建制研究更有学术性且更具有建设性，将不仅发表重田先生单方面的批

---

[*] 编注：本篇为《历史评论》二四七（1971年）以 "为了中国封建制研究的发展" 为题的一篇特辑，与重田德先生的《中国封建制研究的方向与方法——六朝封建制论的一项探讨》（后来与文中所谓的第一论文作为附录收录于岩波书店出版的《清代社会经济史研究》）一并刊登。另外，注中作为拙稿要求参照的绪论，可查阅岩波书店出版的《六朝贵族制社会的研究》（1982年）。

判，同时出于公正还应刊登受批判方的意见，本篇将由我受任执笔。重田先生的上述批判主要针对谷川道雄先生，出于对批判一方的意见进行叙述，对于相关批判适当与否方面，我也并非毫无疑点。不过，从至今为止的争论经过来看，受此重任对我来说也并非毫无意义。总之我终于还是接受了这项任务，但为了使关注这一问题的读者能做出公正判断，在提供资料的意义上，首先我将在这里对争论的经过进行概述。

（1）重田德《封建制的观点与明清社会》（《东洋史研究》第二十七卷第四号，1969年3月刊。以下将简称为重田先生的第一论文），这篇论文便是争论的开端。实际上，我记得分发给东洋史研究会员的时间是同年6月左右。论文主要对河地重造先生的主张进行了批判，河地先生的观点出现在谷川先生的《六朝封建制说》以及《共通的趋势》中，但相关批判并非出于对河地说的学术探讨，而是对包含两位先生在内的《共通的趋势》进行了"突出的思想问题"评价，从意识形态角度进行了批判。相关批判认为，两位先生的观点背离了作为历史唯物论定式的奴隶制（古代）—封建制（中世）—资本制（近代）正确的发展阶段说，放弃了把握世界史的立场，是始终单纯把握特殊性的非实践立场，采用这种立场的两位先生，脱离了曾经通过"历研派"活动所表现出的历史唯物论立场，放弃了以变革为目标的学术立场，被批判为转向者。

（2）河地重造《何为中国中世》文章后附的"附记"（收录于《中国中世史研究》1970年3月，东海大学出版会刊），看到重田先生的第一论文之后，河地先生于1969年7月23日直接进行了反驳。相关内容将问题限定在了学术性论点上，对自身的立场间接进行了明确说明，认为重田先生所强调的"思想问题"的意思不甚明确，因此几乎未予理睬。

（3）川胜义雄、谷川道雄《中国中世史研究中的立场与方法》（与上述第2篇文章一同收录于《中国中世史研究》），这篇论文是重田先生本次的批判论文，被作为谷川先生的作品进行了批判，然而却是由我执笔，上述书刊"后记"中明确表明，"文责在我"。当然，我们在研究会一起学习了很长时间，相互很了解彼此的想法。我把谷川先生的观点进行了消化，加上我本人的观点写出了这篇文章。首先，在1969年2月开始的研究会上，虽然经过了发表与讨论，但当时只包括第一节的大纲与第二节的后半部分，当时以共司体自身发展来对中国史进行理解的观点尚未成熟，同年10月末截稿时，才终于定稿完成。论文交付印刷之前，时间不足以经谷川先生校阅，只根据初校意见接受了谷川先生的修改。由于这种条件限制，谷川先生补笔订正的地方只有一处。定稿时当然也意识到对重田先生的第一论文进行反驳。我们的立场，并非重田先生所说的"从起初就放弃了对世界史的展望""使历史学单纯局限于历史事实的学术中"（第一论文第176页），反而像重田先生那种"反帝反封建斗争的现代化"观点，如果一直故步自封，那么现代变革逻辑也难免会出现不足之处。

（4）谷川道雄《再论中国史研究的新课题——读重田德先生〈封建制的观点与明清社会〉》（《东洋史研究》第二十八卷二·三号，1969年12月），这篇论文于重田先生的论文发表之后的1969年夏写成，随即送到东洋史研究编辑部，但由于大学纷争，出版时间大大推迟。虽然纸面上是1969年12月发行，但实际发行时间要晚得多，分发给会员的时间是1970年夏。这篇论文的内容由五节组成，大部分都是对重田先生"突出的思想问题"意识形态批判的反驳，"涉及学术内容的讨论"是从第四节开始的。谷川先生针对重田先生在第二论文中不断作为问题所提出的六朝社会的基础阶级关系，在第四节中提出了见解，不过读者恐怕会被本论文占据大半篇幅的学术以外的反驳夺去注意力。但是，第四节以下谷川先生的学术见解部分，也希望大家能够熟读。

（5）开头所提到的本次重田先生的论文（以下称为第二论文），1970年6月6日将口头报告内容全部重写之后，于8月10日发行，与（4）中的谷川论文几乎同时发行。因此重田先生在写第二论文的时候，没有机会看（4）中的谷川论文。关于这一点，我感到非常遗憾。

　　如果重田先生在看到这篇论文之后再写第二论文的话，一定会后悔，会对意识形态视角与色彩进行修正，论文内容会朝着更符合学术本质的建设性方向发展。

　　从以上争论经过来看，现阶段的状况是（4）中的谷川论文与（5）中的重田第二论文并列，争论倾向于意识形态。

　　由于陷入了这种倾向，重田先生的第一论文几乎没有涉及谷川先生的学术见解内容，只是一味地从"思想"方面进行批判，因此谷川先生的反驳当然不得不做出应对。谷川先生说，"思想上的斗争，在学术世界里应该在学术内容的真理性方面展开。如果思想上的斗争放弃了学术内容的斗争，只把研究者的思想性作为问题予以剔除，那么学术研究活动终将逝去存在的理由"。

　　并且投出了激烈的斥责之词，对于"学术以外的东西对学术或者学者的侵犯"，"就是所谓的普遍性以外的党派性"，"对于学术这种人类精神的营生用磨钝的感觉说出对世界变革的志向"简直"奇异"至极（上述谷川论文第114—115页）。

　　没有读到重田先生第一论文的读者，或许会对谷川先生为什么说出这种激烈言辞而感到不解。因为在本次第二论文中，重田先生确实涉及了谷川先生的学术内容。但是在这次的论文中，至少我认为，其基本视角仍然带有浓厚的意识形态色彩，在他的逻辑中，有很多地方只能作为

党派思想来进行理解。重田先生没有读到谷川先生的反驳
就发表了第二篇论文，这让我一直感到遗憾。对于第一次
阅读第二论文的读者，我在此必须再次指出它的意识形态
性，因为按照编辑的要求，即使为了使学术朝着更有建设
性的方向发展，也不能省略其中的步骤。以下，在注意展
示学术课题所在的同时，还必须为了这种步骤而耗费大量
篇幅，事先敬请谅解。

二、共同体论与贵族制论之间的关系

从重田先生第二论文第一节开头部分开始，我就发
现了很多疑点。这一部分集中了全篇的问题点，虽然有点
长，但还是想好好研究一下。

作为"首先希望引起大家注意"，他发表了以下观
点。"这（共同体）……也可以看作试图适用于未来社
会，是非常特别的，可以说超历史的范畴，因此（谷川）
先生为了使他的封建制论点成立，必须得以与'贵族制'
这一传统主题相结合。"并且，根据他的"比喻"，共同
体论，即超历史范畴是"基础问题"，"贵族制"是"上
层建筑问题"。

上述文章中"因此云云"的论证方式，对于我来说几
乎是无法理解的逻辑。要实现这一论证，没有"某种范畴
一般要与与之相适应的传统主题相结合"这一前提命题是
很难成立的。"看作"正确地来说应该是"得以"，但是

这里出于逻辑搭建问题，改为"看作"也是可以的。这里的"传统主题"，如果理解为从几个具体历史现象进行归纳的问题，即经过抽象化的历史现象，那么在重田先生的观点中，一般是"从范畴到现象"，而"从现象到范畴"的逆向，从一开始就被否定了。或者，重田先生的前提命题可能是下面的情况。即，"某些基础问题必须与与之相适应的某些传统上层建筑问题相结合"。

这样的话虽然容易理解，但是在这种情况下也有一个前提，那就是首先要确立解决基础问题的范畴，然后再朝着上层建筑的方向发展。无论怎样，重田先生思考方法的基础俨然存在着"范畴→现象"或者"确定的经济基础→上层建筑论"这种单向的演绎法。但是这种神学方法，或者说对于上下方向颠倒的神学方法不熟练的情况下，用"因此云云"进行连接的逻辑完全没有说服力，虽然不是他的原话，但是应该"首先确认"。

遗憾的是，我们的思考方式与重田的方式完全不同。我们认为，范畴只是对历史现象进行理解说明的手段，或者说假说。因此我们采用的并非"范畴→现象""确定的经济基础→上层建筑论"的单向方式，而是"现象·范畴""上层建筑论·经济基础论"的双向方式，也就是对包含归纳与验证的过程进行重复，从而使学术研究更加深入。西嶋定生先生最初通过父权家内奴隶制范畴，尝试阐明中国古代史的各种现象，因为出现与现象不相匹配的结果，便开始逆向进行考察，最终提出了更加适合的个别人身支配范畴，像这种穷尽尝试的做法，与我们的观念相同，我们认为，反复试错才是加深学术研究的方法。然而重田先生认为，"将西嶋先生的方法等置于历研派方法"，是"逻辑上的飞跃"，"将科学历史学的可能性也缩小到历研派之中"（参照第二论文注3）。这种言辞好像在说西嶋先生的方法，与"历研派=科学历史学"的方法完全不同，想必西嶋先生对此也很困惑。

也就是说，关于共同体与贵族制之间的关系，首先我想确认的是，与重田先生"共同体（范畴）→贵族制（现象）"的演绎方向完全不同的是，我们为了对贵族制社会进行更明确的理解，建议作为手段及假说，不妨使用豪族共同体这一共同体概念。因此，重田先生从第四节开始使用了第五节全部篇幅总结道，"由此看来，所谓的'清流'理论和共同体论，都是围绕着贵族制基础进行展开的"，但是不必进行如此长篇的论证，在语言表面上正是如此。不过有必要对"语言表面"进行限定，因为重田先生完全误解了贵族制的概念内容。

所谓的贵族制，根据重田先生的观点，由内藤湖南提出以来，本质上是"文化史上的特征之一"，是一个文化史性质丝毫不会改变的概念，此后，"在整顿为社会史范畴的过程中，与庄园制——农奴制的问题相结合"，单纯作为"上层建筑"问题之一，可以说是"六朝隋唐史（内藤湖南所谓的中世领域）的最大话题"。既然是话题，就意味着不必与时代的根本问题联系在一起，而是无关紧要的话题、仅仅广受欢迎的话题。然后，这种无关紧要的文化史问题，即使"整顿为社会史范畴"，也不过是与庄园制——农奴制这种纯正范畴所包含的各类问题仅仅"结合"在一起，因为说到底只是上层建筑的问题，似乎想当然地认为不应该"整顿为社会史范畴"。

但是，我们的想法截然不同。贵族制毋庸置疑建立在豪族支配体制之上。豪族支配当然包含了庄园制——农奴制问题，这是其得以成立的条件之一。不可能有不含任何隶属关系的豪族，这是不言自明的道理。豪族支配与庄园制——农奴制的单纯"结合"问题是不同的。然而豪族支配的根据，正如重田先生所期待的，仅仅依照农奴制范畴或庄园制论，是无法解决的基本问题。

如果在类似于包含隶属关系的豪族佃客制范畴中，能够比较出当时社会的基本阶级关系，不知重田先生会感到满足，还是会越来越愤怒。但是就像重田先生也承认的那样，"在这种情况下，中国史存在方式=历史现实的观点不会轻易得到认同'（参照"开头"）。我们认为，如果不考虑与多数独立小农的共同体关系，就无法说明贵族支配的成立、性质以及结构，所以才提出豪族共同体的范畴。

我经常说豪族具有有领主化倾向。我认为豪族本质上具有向封建制倾斜的倾向。但这还没到可以规定为领主的程度。这是为什么呢？这是一个基本问题，而不是单纯的话题。因此，我假设独立农民的力量是强大的。关于这一点，存在着可以进行暗示的"乡论"。这是一种关于构成乡论的共同体关系阻止豪族向领主化方向发展的假设，是一种关于紧张的矛盾关系长期持续时，是否可以认为豪族共同体构成扬弃形态的提议。其中或许存在当时华北农业生产结构造成限制的某些情况。

也就是说，独立农民在共同体关系中从事农业生产，才使乡村社会的存在成为可能，当豪族通过把大部分农民隶属化建立了领主体制，会使农业生产本身出现破绽致使乡村社会无法成立，甚至剥夺豪族的存在基础[1]。这种豪族作为与独立农民一同构成的共同体中的代表者，与其直接支配下的隶属民（佃客）之间并非单纯的支配隶属关系（农奴制），与周边独立农民之间存在着"指导与信赖的精神、伦理关系"，或者说保护与被保护的关系。如果把独立农民和农奴明确地从重田流中区分出来使其形式化，就会出现上述现象。即，独立农民力量强大的情况下，或者上述农业结构所造成的限制较强的情况下，豪族并非向着武人领主的方向发展，而是倾向于文人贵族方向，这种豪族所持有的伦理，就像独断地认为这个世界上只有单纯的支配隶属关系的重田先生那样，将以"功利动机所支撑的显著他律性内容"而告终。

因此，我们所谓的贵族制概念必然包含了重田先生所说的庄园制——农奴制问题，而不能仅仅作为范畴上的简单结合。

借用他的话来讲，"在整顿为社会史范畴的过程中"，这些问题被包含在内的情况对于专攻该时代历史的学者来说，是不言自明的，豪族这个概念的一部分内容，从一开始就包含着"佃客制"的问题。西嶋先生把豪族等同于父权家内奴隶制的理论如今已崩溃，提到豪族就马上联想到家内奴隶制的六朝史学家，今天几乎已经不存在了。

关于这种豪族，谷川先生喜欢使用贵族这一术语。正如上文所提到的那样，豪族具有文人贵族的倾向，正是由于豪族概念的存在，才使得"奴隶制""农奴制"等隶属关系面针对深刻印象做出了反省。谷川先生在对贵族＝豪族的乡村支配进行分析说明时，确实强调了"精神上的关系"。过分强调这一点，可能会引起重田先生那样的误会，这在我们的研究会上也经常发生。但是，谷川先生仍然使用过于强调的程度进行了强调，这是因为豪族的乡村支配的问题，在目前为止的学术界中过于倾向于只使用重田先生的支配隶属关系来进行划分，只从这一方向出发，无论如何都无法解决这个问题，应该对此进行深刻的反省。

然而，重田先生在第三节和第四节中把这种"精神关系"的强调进行了抽象化，误解为"世上罕见的伦理精神

世界出现于中国历史某一时期"。我认为重田先生的误解
也不无道理。但是，从根本上来说，这是重田先生对于六
朝史研究的学说史方面惊人的不理解，甚至不去理解，只
把自己所相信的范畴作为手段，不符合这一标准的内容全
部砍下来扔掉，这不是作为学者应有的姿态。

如上所述，当我们讨论贵族制或贵族制社会的时候，
不仅仅是在讨论"上层建筑"的问题，"经济基础"也经
常成为问题，以"上层建筑论·经济基础论"的形式将两
者相互关联起来，并对六朝社会的实际情况进行探索。
因此，贵族制在我们看来完全不仅仅是六朝隋唐史的简单
"话题"。把重田先生对上层建筑的轻视与我们进行对比
是很危险的，我们所说的贵族制主题，与重田先生专攻的
中国近世史领域以及我在近世史中的地主制主题，是占据
同样比重的基本课题，敬请知悉。

正如上文所提到的，豪族共同体是为了更准确地理解
这种贵族制而提出的一个范畴。

正如贵族制在我们的上层建筑和经济基础中都有相通
的内容，豪族共同体这一范畴也旨在同时贯通这两者，在
整体上更加准确地把握。至少我是这么考虑的，作为试案
予以提出。豪族支配的问题，一直被认为是与重田先生所
专攻的地主佃户制水平相当的经济基础问题。与此相对，
贵族制反而在上层建筑的问题上占了很大比重。重田先生
并非中世史专家，将贵族制完全理解为上层建筑问题情有

可原。但是，如果在这里使用豪族共同体的范畴，或许可以取得贯通两者的逻辑。这一点是否可行，仍然是今后的课题。最近我在注［1］论文的末尾，提出了用豪族共同体观点来把握魏晋国家体制的极其简约的试见。另外，在三国孙吴政权下江南社会分析中具体提出了领主制（其展开虽然不多）向这一方向的强烈倾斜，是否为豪族共同体未成熟地区现象的试见（虽然可能会遭到日本史学家的斥责，但我把平安末期、镰仓初期的畿内比作公元三世纪的华北地区，把东国、虾夷地比作当时的江南地区）[2]。

至于相关尝试能否成功，当然只能等待公正的批判，但我本人并不认为这种尝试是不顾重田先生对共同体论自始至终的否定批判而做出的毫无意义的尝试。

既然豪族共同体论把贵族制社会的各种问题——同时也包括上层建筑与积极基础在内——进行了一贯把握，那么在第一节中他所论述的下面的文章，将完全失去意义。

他的"共同体"，正如后文所见，在针对贵族制所成立的社会基础方面论证贵族制时，又与通常的经济基础论（庄园制论、农奴制论）不同，并未提出其本身内在的封建性质，又把封建制论所成立的关键部分寄托于"贵族制"上。

在这里，重田先生所说的"贵族制"，无疑是指单纯属于上层建筑领域的概念。而我们所说的贵族制不仅仅局限于上层建筑，同时也包括经济基础的问题（农奴制、庄

园制），这一点如果可以明确的话，那么关键问题就在于
豪族共同体论本身在以往的封建制论中处于怎样的位置，
把全结构的关键部分仅仅寄托于其中的某一部分，只能产
生逻辑上的矛盾。

因此，我们所说的贵族制概念是包含经济基础问题的
全结构内容，这一点如果可以正确理解的话，那么我们所
说的豪族共同体论"作为重要的封建制理论（具有全结构
内容）并非从贵族制中演绎而来[3]，而是超越了归纳逻辑
的框架"所产生的。

更明确地说，我希望通过从贵族制归纳而来豪族共
同体论，对以往定式的封建制论进行重新探讨。如果大胆
表露本意则在于，欧洲中世或日本中世的领主制（重田先
生范畴所指的农奴制）是豪族共同体的特殊表现形式，因
此，我认为从特殊表现形式的领主制归纳而来的以往的封
建制理论，也可以在豪族共同体论领域的各论中进行定
位。这与其说是大胆，在重田先生看来大概不过是非常傲
慢的观点。该观点确实如重田先生所说"超出了一般观
念"，但问题的层次有所不同。这种傲慢的尝试能否成功
固然是个问题。但不尝试就无法得知。尝试之后如果有了
相当成功的眉目，届时就可以尝试重田先生的思考方法，
即"范畴→现象（或各论）"的演绎法。

也就是，"某种范畴一般要与与之相匹配的传统主题
相结合"。如果未来某一天达到了这一阶段，"我们的豪

族共同体要想成为世界史体系，就必须与'封建制'这一传统主题相结合"。当然，现在完全未处于这一阶段。现如今充其量也只能把中国中世社会的各种现象按照豪族共同体的范畴进行整理。不过，即使我们抱有这种傲慢的想法，重田先生也没有权利以既成的范畴为标准、用神学的演绎法来进行推断，对我们进行异端审判。

以上是关于重田先生第一节中共同体论与贵族制论之间关系问题的相关探讨，他对问题的建立方式与我们存在层面上的差异，他之所以无法理解这一层面差异主要在于两点：第一，他坚信既成范畴是不可动摇的，并通过以范畴为基准的神学演绎法进行异端审判的姿态；第二，如上所述对六朝史研究的学说史的不理解。也许会有人说，我太拘泥于他的第一节了。但是，从他所特有的演绎法逻辑来看，构成其论文的基本问题恰恰集中在第一节。与一般论文在结论中进行总结不同，他的论文所涉及的问题几乎全部都以第一节作为源泉，以支流的形式向四面八方扩散。

因此，如果我们发现这一源泉的大部分内容，都是由对我们的立场和方法的完全不理解以及预测错误的类推所组成的，那么对于我们来说，第二节以下的全部内容也几乎都是没有意义的空谈。虽然他的第一节中仍然存在很多问题，但由于篇幅过长，所以接下来我想打乱章节之间的顺序，简单地探讨一下遗留的各种问题。

三、共同体论与上层建筑论

（1）共同体论　重田先生对我们共同体论的批判，首先是"试图适用于未来社会"的不可理解的范畴。也就是说，"近代的超越也可以在探索高度共同体的方向上进行思考"这一点很奇怪，而且投来了"恐怕对于（谷川）先生来说，共产主义（communism）也可以翻译成共同体主义吧"的疑问（第三节）。不过，共产主义（communism），我们在近代资本主义体制下所丧失的共同体关系——或者说存在于想象之中的共同体关系——或许其实可以作为通过体制变革来重新打造的方向来进行思考。因为我不明白不能这样想的理由，所以想请您赐教。

另外，关于这一点，我想对第三节中成为问题的部分的前一段进行说明。这里涉及我所执笔的《中国中世史研究中的立场与方法》第11页（编注：本书为第34页）。正如前面在"争论的经过"一节中第（3）点所说，谷川先生唯一进行补笔订正的地方，就是这里。我最初简单地写道，"近代国家也可以看作是一种共同体世界"。当然，正如重田先生所说，"即便可以这样称呼（一种共同体世界），也与近代社会的意义完全不同"。但是，谷川先生却在这种模棱两可的部分遭到误解。谷川先生补笔道，"这并非以土地等的自然契机作为纽带"，"反而具有建立在自然契机解体之上的虚拟幻想的性质"，"其实体是

从共同体联合中脱离而出的个体的市民联合"，"从这种
意义上来讲，它背离了人类固有的存在方式，是一种异化
形态，但与此同时它又产生了克服异化的欲望、超越了自
然契机，对更高层次的共同体结合方式进行了探索"。我
认为上述补笔表明，近代国家是真正意义上的共同体的不
完全形态，仅仅是一种幻想的存在。

　　但是，如果重田先生认为可以称之为"一种共同体世
界"，那也就承认了这是一种真实状态下的存在，比起针
对谷川先生做出批判，更应该针对我。我想通过明确上述
补笔订正部分的情况，来表明责任在于我本人。

　　针对我们共同体论进行批判的第二点是，把共同体
自我发展作为历史进行把握时，"这并非共同体自身的转
变"部分。在我执笔的上述论文中，确实没有把"共同体
自身的转变"进行具体说明，但是，如果仔细阅读了收录
该文章的《中国中世史研究》同名书籍中我所发表的注
（2）论文以及注（1）（4）涉及的论文就可以看到，我
对里共同体"转变"到豪族共同体的问题结合当时的历史
现象进行了思考。也就是说，这里共同体本身内部矛盾的
极限，即豪族领主化倾向于共同体关系之间长期激烈矛盾
的极限，正是作为扬弃形态的新形成的豪族共同体。重田
先生对我的"清流"论，进行了非常形式逻辑的理解。不
过近年来我的观点是，在"豪族领主化倾向=浊流"，与
"共同体关系=清流+黄巾"之间长期激烈矛盾的极限中，

作为扬弃形态而新形成的"豪族共同体=贵族制"。

因此，清流势力在形式逻辑上"如果始终贯彻清流逻辑，那么下一个时代的支配者=贵族则无法成立"是理所当然的。魏晋贵族正是由于作为这种矛盾的扬弃形式而出现，才具备了清流要素并成为统治者，在形成统治阶层的同时，仍然保留着清流逻辑。

在具体的历史叙述论文中，我不喜欢使用"扬弃"这种明显的辩证法用语，因为我认为，历史的逻辑是辩证法，这一点已经固定下来的，而且扬弃这个词为了掩盖单调逻辑的破绽，具有容易被轻易使用的危险。在历史叙述中，最好根据现象来刻画形象。因此，如果不能从我所注的三篇论文的叙述中，读到符合我意识的辩证法，那就说明我的叙述能力不足。但是，作为历史唯物主义者理应熟知辩证法的重田先生面对辩证法结构，以形式逻辑进行攻击，实在令人感到不可思议。若非历史唯物主义者，则不会使用辩证法，这在起初便早有定论。实际上，一开始我对辩证法并没有充分理解。近年来能够对谷川先生的共同体论进行消化，才开始有点明白。

关于共同体论的第三个问题，是我们如何对其进行思考的基本视角问题。引用石母田正先生的表述，即"在阶级社会，共同体的遗制无论多么强大，它的运动规律都是由阶级对立的具体方式进行规定的，而不能从共同体中推导出某种运动规律"，在这一方面重田先生引起了我们的注意。但我们并没有简单地把共同体当作遗制，而是提议应该重新把它作为人民积极的意志与追求来进行把握。我把黄巾起义当作建设新共同体的意志。但事情并没有朝着他们所期望的方向发展，豪族领主化最终未得以实现，而是出现了豪族共同体这种扬弃的新共同体——比领主支配更加宽松的豪族支配（参照注［1］、［4］论文）。那么，作为人民史学家的重田先生又如何看待黄巾起义的历史意义呢？在我看来，如果不具备积极的共同体论视野，就无法阐明历史意义。

把共同体论"在中国历史整体上进行扩展"，并进一步作为共同体的自我发展来看待历史，无疑是一项任重道远的艰巨任务。

然而，真的可断言完全没有尝试的价值吗？相关问题诚然堆积如山，但关于共同体论的讨论到此为止。

（2）上层建筑论　在前文中，关于我们反复进行归纳、演绎、验证过程的思考方法，我提出了"上层建筑·经济基础"的图示。与重田先生比起来，我们才更重视上层建筑的意义。这是为什么呢？谷川先生在本稿第一节第（4）点所给出的论文中说过，"大部分中国史料都是政治史著作，从这种意义上来讲政治史资料比较丰富，但我认为，这些史料所叙述的一定的政治形态中，有一定的社会关系对其进行支撑，使其得以成立。通过这一对应关系，按历史唯物论的说法从上层建筑反过来面向基础，阐明该社会的成立原理，是我一贯的做法"。我认为，在几乎没有民间记载的中国，这种方法是必不可少的。而且我也采用了这种方法。重田先生提出问题的我的"清流"论，恰恰就在于这一点。

根据重田先生的观点，这种方法似乎被称为"文化史方法"。谷川先生通过上述方法进行考察的封建制论，同样也被定性为"独特的文化史"（重田第一论文第164页）。

中国古代中世史的研究中，直接涉及经济基础的资料实在极其稀少，如果把这种方法称为"文化史"，并认为这不是科学历史学的正确方法，那么应该用什么方法解释那个时代的社会基础结构呢？我认为，如果完全排除重田先生所说的"文化史"色彩、使用纯粹的"社会史方法"，即依靠"经济基础范畴→上层建筑论"的单向方法，就不可能对六朝史进行研究了。

大概他对文化史有些过于轻视或轻蔑。对于作为上层建筑的文化史现象过于轻视。毋庸置疑，通过经济基础到上层建筑的一贯逻辑进行说明，历史唯物论才开始得以成立。因此，作为文化史现象的上层建筑问题，当然也应该考虑进去。最近，重田先生对宋朝之后研究的国家论的欠缺进行强调，据称获得了中央集权"将国家体制控制在射程之内的逻辑"这一紧急课题（第一论文第178—179页）。这一指出当然是正确的。但是，中国近世中央集权国家体制的问题，是极为重要的课题，内藤湖南早在半个世纪之前就以"君主独裁制"的概念进行了指出。借助内藤湖南的"文化史方法"明确指出的这一"紧急"课题，与"贵族制"同样只是"文化史上的特征之一"，只不过是"京都大学的中国历史研究者"之间的"最大的热门话题"，或许会受到重田先生的轻视吧。

经过十几年的研究，现在他好像终于意识到，这种"文化史"特征是一个必须通过"社会史方法"来进行紧急处理的问题。尽管如此，对于重田先生来说，"贵族制"仍然不过是"文化史上的特征之一"，深谙"社会史方法"的谷川先生对此进行"上层建筑→经济基础"的逆向处理，却仍然被搪塞为"文化史"。在这里，无非只是对文化史这一概念的惊人滥用，与其说具有党派性的，不如说来源于自我中心立场，只起到了为他人打上烙印的标签作用。

话虽如此，我也只是想展示一下内藤湖南的"加强射程"，以及"对传统贵族制论的忠诚度"，读者应该不会曲解。究其原因，正如先前大胆吐露本意，我根据豪族共同体论，内藤湖南的"文化史"贵族制论自不必说，甚至还包含以往形成定式的——硬要说的话是站在历史唯物主义的立场上——封建制理论，抱有是否能够包容在内的，极其傲慢的想法。我与自我中心倾向超过党派性的重田先生完全相反，称为趋党派也好，总之抱有自大妄想狂的想法。

虽然与重田先生在想法上具有层面上的极大差异，但是在这一擂台之上，哪一方正在扮演固守中世纪神学演绎法的异端审问官，哪一方才是作为自由反复自大妄想狂的"难以与之对话"的一方（第一论文第178页），还需交予读者进行判别。

一九七〇年十二月二十三日

附记

为了对抗重田先生的尖锐斩杀，我也使用了很多激烈的言辞。但也正是拜他所赐，我才能以自己的方式对问题进行思考，而且不得不吐露平时无法发表的大胆傲慢的本意。这就是说出了自大妄想狂的原因。在相关的部分，我已尽量使用"我"，而不用"我们"，而在使用"我们"的地方，或许也有谷川先生未考虑到的情况。即使写的是"我们"，也请当作我个人的发言。为了今后"对话变得容易"（河地论文），首先最重要的是，包括重田在内明确彼此想法的差异。如果不给我这样的机会，我想我不可能说得这么清楚。衷心感谢重田先生以及本刊编辑部。

注

［1］　参照拙稿：《贵族制社会的成立》，岩波讲座《世界历史》5，古代5，1970年9月，第111—112页。

［2］　拙稿：《贵族制社会与孙吴政权下的江南地区》，收录于东海大学出版会刊《中国中世史研究》，1970年3月。

［3］　重田先生的"演绎"一词不准确。这里应该说"是从有关贵族制的各种问题（以及各种现象）中归纳而来的逻辑框架"。究其原因，贵族制尚未成为确定的范畴，重田先生似乎引用了作者于《中国中世史研究》所发表的论文的注（2）文章，由于"目前只能用贵族制这一含糊的用语来表达当时支配层的实际情况"，或许可以对此进行演绎。重田先生好像很喜欢演绎这个词。这似乎与他的神学演绎法具有某种关联。

［4］　参照拙稿：《汉末抵抗运动》，《东洋史研究》第二十五卷第四号，1967年。

本书是已故中国史学家川胜义雄先生的遗稿集。川胜先生于前年春天因癌症去世。享年六十一岁。

他曾经亲手撰写的著作《六朝贵族制社会的研究》（岩波书店，1982年）收录了诸多专业论文，在这里，本书对该著作未涉及的文章进行了整理。他的文章并不算多，这两本书几乎可以涵盖所有内容。两本书中前者是他的主要著作，收集了正面、主要的学术论文，而本书所收录的文章，多少比前者更适合大众。当然，其中也包括诸如《中国早期的异端运动》《促使中国新佛教形成的力量》《关于重田氏的六朝封建制论批判》等属于前者的纯粹学术论文，不能一概而论，但大体印象便是如此。

本书共分为三章，第一章为论述中国历史观、历史意识的四篇文章。

他是一位不可多得的中国中世史专

家。在日本，关于中国史的时代划分问题分为两派，其中一派是京都学派说，把魏晋南北朝、隋唐以及五代时期划分为中世（公元220—960年），另一派为历史学研究会派，简称历矸派说，将宋、元、明、清（鸦片战争之前）划分为中世（公元960—1840年）。也就是说，前者所说的中世相当于后者的古代，对于一般人来说非常复杂（参照第三章中的《中国中世史研究中的立场与方法》）。川胜先生属于其中的京都学派，他与谷川道雄先生合作构造了中国中世史的新理论，为京都学派现阶段的代表人物——他就是这样一位学者，他的眼中只有中世史。后来，他对中国的历史哲学产生了兴趣，这大概是因为他意识到自己的中世史学说已经大致成型了。他经常对笔者说，最近感到最有意思的就是章学诚的《文史通义》。他说，司马迁在中国的地位，便相当于亚里士多德在欧洲诸学中的地位，但中国的"诸学之学"并非哲学，把《春秋》当作史书是从杜预开始的。他还说，如果上天没有赐予他现代人类的寿命，他必将进行十二分的展开，做出不局限于中国学的巨大贡献。他因此而遗憾。天道是邪非邪的感叹，在笔者看来，在这一节中最为痛切。

第二章收录了关于道教与佛教的文章。尤其引人注目的是，这一章把法国中国学代表人物马伯乐两篇道教论文章的内容整合在一起，进行了翻译与整理。原本他就读于旧制高校的文科乙类，也就是以德语作为第一语言的学生，但不知何时也掌握了法语，并且一生都与法国的学术界保持着密切的联系。他在保罗·德米埃维尔教授的要求下，曾先后两次于巴黎的高等研究院担任讲师。他翻译了马伯乐的遗作《道教》（平凡社东洋文库）以及现代学者的诸多论文，并且直接使用法语发表的论文多达四篇。虽然也存在法国中国学的传统名声，但更重要的是川胜先生的气质似乎与法国相符。对于德米埃维尔教授，他似乎一生都怀有深厚的敬爱之情。——战后，道教研究在日本及以法国为中心的西方取得了飞跃性的进展。最近中国似乎也开始了扎实的学术性研究。然而，即使我们毫无怨言地承认细节研究，特别是历史研究方面的进展，但像马伯乐那样极具视野与学术刺激力的研究恐怕没有再次出现。这是我作为一个门外汉的坦率感想。我认为川胜君的工作还没有失去其有效性。

川胜君几乎没有涉及佛教方面的研究。唯一一篇——使用法文写成的《关于慧思的思想》也可以认为属于下述一个系列——是这里的《促使中国新佛教形成的力量——南岳慧思的相关情况》，这大概也是他的最后一篇论文。在天台宗、华严宗以及禅宗等中国特有佛教的诞生之中，存在着与时代做斗争、无比真挚的宗教热情，我认为这篇文章堪称中世精神史领域中的最佳作品之一。

第三章中的论文可以说是川胜学说的入门篇。《中国的历史3：魏晋南北朝》（讲谈社，1974年）用大量的篇幅，平易近人地叙述了几近完成的川胜中世史，被评为当今能拿到的最好的概论书。与此相比较虽然有违人伦，但本章的前两篇文章成文于川胜学说的形成过程中，且风格过于轻描淡写。也许正因为如此，反而给人一种简明扼要的印象。这一部分中最重要的是《中国中世史研究中的立场与方法》以及《关于重田氏的六朝封建制论批判》两篇文章。

开头的"立场与方法"流露出平日与谷川先生讨论成果的浓厚色彩，他们以自己对中国中世史理论的理解为基础，几乎深入到世界观基础的探讨中，另一方面重田提出的批评，在今天也许只能引发人们对历史的兴趣，可以帮助了解川胜君等人的学说是在怎样的学术氛围中所提出的。说得稍微夸张一点，可以认为具有广泛的学术史意义。重田先生的川胜、谷川批判论文，作为附录同样收录在遗稿集《清代社会经济史研究》（岩波书店，1975年）中。重田君当时正在大阪市立大学，我也经常聚在一起进行激烈的讨论，对于他坚持自己见解的顽强而感叹。这两种出众的才能，几乎平分秋色，为什么这么急于消失殆尽呢？

川胜君于大正十一年（1922年）出生于京都市，是粟田烧窑元家的四男（最小的儿子），先后就读于府立第一中学、第三高等学校（但三年间因病休学），昭和二十三年（1948年）毕业于京都大学文学部史学科（东洋史专业）。师事宫崎市定、宇都宫清吉两位教授。另外我还听说，他受姐夫下村寅太郎先生推荐专攻东洋史，尤其是中国史。一中、三高、京都大学，京都人称之为正规路线，而他所走的正是这条路线。昭和二十五年，以助手的身份进入京都大学人文科学研究所。

当时他在东方部司书室做勤务工作，也就是事务助手。所谓的司书室，虽然带有半研究部门的性质，但作为系统来说终究是事务系。他身材魁伟，堪称美男子，举止大方，有一种大人风范，高中时代以来的迟到习惯丝毫没有改变，怎么看都无法与事务系统的纪律相适应。而谷川道雄先生当时住在名古屋，是名古屋大学的助手，他们两个人住在彼此的家中，开始了"二人研究会"，学术热情高涨。然而川胜君经常诉苦。不久，在对其业绩进行评价的年轻所员中，也开始涌现出应该让他"适材适所"的强烈呼声，最终他被调到研究部门，晋升为副教授。这是他入所以来的第十五年。每次想到他后来在学术界留下的足迹，我便由衷地感到，这一措施实在皆大欢喜。此后，他升任教授，前年昭和五十九年四月四日，再过两年就是退休年龄了，但他却因胰腺癌去世。也就是说，大学毕业后的三十五年间，几乎所有的时间都是在人文研中度过的。

之所以特意提到他在司书室勤务工作的事，是为了对他在学术工作中不为人知的部分多说一句。所谓的司书室，当然负责图书的接收、分类，卡片的制作、排架等业务，但作为人文研究所，还有一项特殊的业务，那就是编纂《东洋史研究文献类目》（每年刊行，后改名为《东洋学文献类目》）以及《人文研所藏汉籍分类目录》。

前者负责每年度日本、中国乃至全世界研究论文的分类目录，后者负责经过十年二十年的修订增补版的出版工作，所以每天都在进行准备工作。它们都是研究者不可或缺的伴侣，在世界范围内很有名，特别是《文献类目》，尤为珍贵。当然，在这些编纂事业中，他只不过是一名工作人员，并非弓衷地为之献身。但他还是尽职尽责地完成了任务。这件事果然值得记录下来。

昭和五十二年八月中旬，他与夫人一起造访寒舍，畅谈直至忘记时间。十月，他接到去武汉大学讲课的邀请，我们夫妇一年前曾在武汉逗留过一段时间，所以他见面想听听当地的情况。在那之后的十天左右，他发病入院。我们怀疑那天是不是吃饺子吃坏了，为此苦恼了许久。

那段时间他一再住院、手术、出院。之后，他才知道自己得了相当严重的癌症。然而，从那之后到他离世的一年半时间里，他的态度如此平和，至今回想起来，仍然令人惊叹不已。我了解他凡事悠然自得的风格，但有时他的神经会变得异常敏感，因此至今仍为之惊叹。

那几天他的情绪确实相当低落，但此后无论在医院内还是医院外，他都与往常无异。由于他的态度太过平和，直到葬礼当天我也不知道他是否真的知道自己得了癌症，这已不得而知，当时谁问他都会被他逗笑。虽然我听说过这类人物的存在，但亲眼见证还是第一次。

回想起来，战后那几年在铃木成高先生府上初次见面打招呼开始算起，已经有近四十年的交情。学术上的成就自不必说，由于所内对他上任下届所长的呼声很高，他也曾暗自窃喜，然而如今这一切全部落空了。如果他还在世，今年应该还有两个月就退休了。实在没想到会有一天为他写这样的文章。

平凡社的岸本武士先生，是川胜君开始到京大文学部讲课时最初的学生，很早之前就梦想着出版川胜君的书。这本书完全是岸本君通过努力所获得的成果。

島田虔次

一九八六年一月

川胜义雄教授（1922年11月8日—1984年4月4日）虽然是老前辈，但仍然习惯亲密地称他为川胜君。本书是他的遗稿集《中国人的历史意识》（平凡社选书91，1986年2月），但这次增补了《中国人的现世与超脱》一文，作为《平凡社图书馆》创刊阵容的其中一册，重新装订后终于有机会与广大读者见面。对于列入平凡社选书时，探索并提供遗稿的我来说，实在不胜欣喜。本书内容以及作者简历，在川胜先生一生敬爱的岛田虔次先生充满慈爱的"后记"中已较为详尽，所以在此我想谈谈个人的回忆和遗稿书志事项。

1963年7月，我在大阪机场目送川胜先生前往法国留学满足心愿，1965年4月我成为京都大学人文科学研究所东方部町一名助手，关于事务助手、年长十五岁的川胜先生的待遇问题，所内议论纷纭。

不久川胜先生就被提拔为研究部门的副教授，接到迅速回国的电报，尽管周围的人焦急万分，但他本人却乘西伯利亚铁路列车经由纳霍德卡悠然回国，实在很有川胜先生的风格。

回国后，川胜先生对留学前脱稿印刷的马伯乐遗作《道教》全篇译文进行了缜密的补充修改，并出版了这本书。接着，他开始进行作为融通一部分留学费用条件所接受的司马迁《史记》列传的翻译工作，嘴上一边自嘲道"债务奴隶真苦啊"，一边愉快地念着《史记》。不久，由贝冢茂树先生冠名解说的《世界名著11·司马迁》（中央公论社，1968年）出版发行。借助这次翻译工作，川胜先生加深了对司马迁历史观的洞察。讨论中国的历史意识的本书，第一章开篇的《司马迁的历史观》《司马迁与希罗多德》便是相关成果，数年后汇编为《史学论集》（朝日新闻社，1997年），作为《中国文明选》的其中一册。将这本论集的"总说"与"后记"合为一体，就是本书所收录的《天道，是邪非邪》。

说起来，1966年4月，由会田雄次先生主持、中村贤二郎先生担任助理的共同研究"封建国家的比较研究"班，于人文研的西洋部正式成立，川胜先生和我也参加了该研究小组。

日本中世史学家黑田俊雄先生、西洋中世史学家鲭田丰之先生，以及桦山纮一先生等人也先后参加了研究小组，不善言辞的川胜先生也愉快地致以发言。参加会田班以后，他开始比之前更加关心东西文化的比较。1974年深秋，川胜先生在日本文化会议所主办、以"历史形象中的东方与西方"为主题的研讨会上，事先提交了报告论文《中国人的历史意识》，12月1日上午第三次会议由中嶋岭雄先生主持召开，在对川胜先生的论文进行了补充、村松瑛先生加以评论之后的自由讨论中，川胜先生在木村尚三郎、堀米庸三、铃木成高等诸位先生之间进行答疑。该书只收录了报告论文与"补充"，并没有收录三倍于此的自由讨论部分。

本次对道教与佛教问题进行论述、在第二章中增补的《中国人的现实与超脱——接纳佛教的中国风土》，作为真宗大谷派的教学研究所编辑的《教化研究》第五十号（1966年7月）特辑"宗教心的传统"其中一篇文章而起稿。昭子女士的娘家是东本愿寺的分寺院，川胜先生与教学研究所的所员私交甚好，因此借此机缘被要求投稿。当时，川胜先生与福永光司先生一同前往教学研究所，讲授昙鸾的《净土论注》，我也陪席了两次。我从川胜先生那里得到了这本《教化研究》，但后来完全忘记了，所幸一年前偶然发现，赶上这次的新装版得以增补，不致沦为明日黄花。

《道教与季节——中国人的季节感》，发表在埃克森标准石油股份有限公司广报部发行的energy第三十号（第八卷第三号）特辑上，"生活文化与季节"中的"宗教与季节"一章，与谷泰《基督教祭事的时间概念》以及岩村忍《伊斯兰教与季节》等作品一并刊登。川胜先生和梅悼忠夫先生等人参加了该杂志第三十六号的卷首座谈会"汉字文明与罗马字文明"。

　　《中国早期的异端运动——以道教反体制运动为中心》（1974年）与《促使中国新佛教形成的力量——南岳慧思的相关情况》（1982年）都是发表在人文研共同研究报告中的纯粹学术论文。前者收录于会田雄次、中村贤二郎所编《异端运动的研究》，后者收录于福永光司所编《中国中世的宗教与文化》。其中后者应该是在福永先生所主持的"隋唐思想与社会"班（1970—1975）所作的报告，后来才得以出版。班长被调往东京大学后，由川胜先生继任研究班班长，主持了"中国中世文化与社会"班（1975—1980），并继续组织了唐朝道宣所编《广弘明集》的会读。《广弘明集》是佛教护法书，在中国中世佛教（佛典）如何融入汉字文化、如何融入汉族哲学思考等问题的考察中，其史料价值首屈一指。

　　第三章收录对川胜先生中国中世史观进行了浅显总结的文章，其中《六朝贵族社会与中国中世史》（1962年）刊登在《史窗》，由京都女子大学史学会发行。刊登《六朝贵族制》（1964年）的《历史教育》第十二卷第五号，作为一部特辑收录了十篇关于"六朝隋唐的制度与社会"的论述，卷首论文为宫崎市定的《六朝隋唐的社会》，由川胜先生自巴黎寄稿。

《中国中世史研究中的立场与方法》（1970年）和《关于重田氏的六朝封建制论批判》（1971年）具有学术史意义，岛田虔次先生在"后记"中已进行了说明，关于后者的撰写情况我想附加一下说明。其实，油印本《历史科学》所刊登的重田德先生的《中国封建制研究的方向与方法》被《历史评论》再录，因此我接到了黑田俊雄先生的电话，希望我作为第三者撰写解说。我谢绝了这一邀请，并推荐了川胜先生，最终诞生了针对相关争议的名篇。文末称自己为自大妄想狂，而把重田先生称为异端审判官，这不禁让人联想起"异端运动的研究"小组内部的讨论氛围。

后来川胜先生患上了阻塞性黄疸，在与病魔进行斗争的生活中，把最后的热情倾注在了自己也被项目选定的《平凡社大百科事典》的原稿执笔，编辑负责人是他的学生岸本武士先生。在依次的原稿催促下，产生了"史记""司马迁"，"战争（中国）"的项目成为他的绝笔。而预定的"中匡学""东洋学""德米埃维尔""马伯乐"等项目则委托与我，他说关于德米埃维尔可以参考他在"世界传记大事典"（HORUPU出版，1980年）中的文章。作为他的遗愿，在代写这些文章时，我深切感受到了川胜先生对法国东洋学的热爱。

　　川胜先生于1984年4月4日与世长辞，举行完法事葬礼后，5月20日（周日）下午由人文研主办的追悼仪式在本馆大会议室举行，泽田京都大学校长以下六人致悼词等。这些悼词，提到了对川胜先生生前经常提到的司马迁名言"天道，是邪非邪"的追忆。时任东方部主任的林巳奈夫先生的《哀悼词》（《人文》第三十号，京大人文研，1984年）后半部分如下。

　　川胜先生还活着的时候，我还没来得及申述，不过我有时会拜读川胜先生的论文，作为历史学家，我非常尊敬他。

　　川胜先生身上有令所有人推崇的温厚风貌，极具大人风范，从他的口中，我曾听到精辟的人物评价，对重点事态的把握，迅速准确的判断，曾几度令我惊叹。我想这就是研究所中的川胜先生，本质上也是一位历史学家。所谓"历史学家"，是指经常注视着史料，对应该如何认识相应时代社会的动向而进行抉择的人。

　　川胜先生是人文研的老资格，也是人文研东洋史的元老，只要一转身他就站在我们身后，可以让我们安心依靠，就这样度过了许多年。川胜先生总共担任了五年东方部主任，辛苦您了。给您添了很多麻烦。川胜先生也许并非出于本意，但他是一位名主任。

这些事情，归根结底只是所内烦琐的俗事。川胜先生是我的前辈，所以我很清楚。在他的本职工作研究方向上，应该还有很多工作要做，但却遭遇了意想不到的疾病，以及无法避免的死亡的到来。多么遗憾啊。

川胜先生，如若在天有灵，请听我说。川胜先生，很遗憾。

在此之后的中国古代史领域，林巳奈夫先生的活跃引人注目，像中世史学家川胜先生那样为人们留下了深刻的印象。

今天是他约九周年忌日，中国中世史研究会召开了例会，大约二十年前川胜先生以《中国中世史研究中的立场与方法》为总论所撰写的《中国中世史研究》，该著作续编的出版发行也成了话题。

砺波　护

一九九三年四月四日

近观

壹卷
YE BOOK

壹
卷

YE BOOK

让 思 想 流 动 起 来

官 方 微 博：@壹卷YeBook
官 方 豆 瓣：壹卷YeBook
微信公众号：壹卷YeBook
媒 体 联 系：yebook2019@163.com

壹卷工作室
微信公众号